Das Stapelrecht.

Eine rechtshistorische Untersuchung.

Von

Dr. Max Hafemann,
Kammergerichtsreferendar.

Leipzig,
Verlag von Duncker & Humblot.
1910.

Alle Rechte vorbehalten.

Meiner lieben Braut

Fräulein Margarete Ruhland

gewidmet.

Inhaltsverzeichnis.

                                                          Seite

Einleitung . . . . 1—9

    1. Notwendigkeit einer rechtshistorischen und rechtsdogmatischen Abhandlung über das Stapelrecht. — 2. Literatur: a) juristische; b) volkswirtschaftliche und wirtschaftsgeschichtliche. — 3. Aufgabe, Einteilung und Abgrenzung der Arbeit.

Erster Abschnitt. Stapelrecht und Städterecht. Stapelrecht und Wirtschaftspolitik. Das Stapelrecht in West- und Ostdeutschland . . . . 10—14

    1. Das Stapelrecht eine Erscheinung des deutschen Städterechts. — 2. Zusammenhang seiner Geschichte mit der des städtischen Rechts und der der städtischen Wirtschaftspolitik. — 3. Das Verhältnis zwischen West- und Ostdeutschland.

Zweiter Abschnitt. Die Terminologie des Stapelrechts . . 15—24

    1. „Stapel" und „Niederlage" in ihrer Verbindung mit dem Worte „Recht". — 2. Identität der Begriffe „Stapel" und „Niederlage". — 3. Doppelbedeutung der beiden Ausdrücke. — 4. „Stapel" und „Niederlage" als Ausdruck für „Stapelrecht". — 5. Zeitliche und örtliche Verbreitung des Wortes „Stapel". — 6. Etymologie des Wortes „Stapel". — 7. Verbreitung und Etymologie von „Niederlage". — 8. Lateinische und französische Ausdrücke für Stapelrecht. — 9. Die Ausdrücke „Einlagerecht", „Ventrecht", „Gretrecht", „Jus emporii" usw.

Dritter Abschnitt. Die Verleihung des Stapelrechts . . 25—33

    1. Einleitung. — 2. Entstehungszeit. — 3. Von 1250—1500. — 4. Von 1500—1636. — 5. Von 1636 an. — 6. Die Beliehenen.

Vierter Abschnitt. Die Entstehung des Stapelrechts . . 34—58

    1. Einleitung. — 2. Widerlegung falscher Ansichten über Alter und Entstehung des Stapelrechts. — 3. Be-

gründung der eigenen Ansicht über Alter und Entstehung des Stapelrechts. — 4. Die Entstehung des Stapelrechts im Verhältnis zu den bestehenden Verhältnissen. — 5. Der Inhalt des Stapelrechts in der Entstehungszeit.

Fünfter Abschnitt. Die Blütezeit des Stapelrechts (1250 bis 1500) . . . . 59—84

    1. Einleitung. — 2. Kontroverse über die Verschiedenheit von Stapelrecht und Niederlagsrecht. — 3. Feststellung des Inhalts des Stapelrechts. — 4. Das Stapelrecht kein Vorkaufsrecht.

Sechster Abschnitt. Das Stapelrecht im 16. und 17. Jahrhundert . . . . 85—103

    1. Einleitung. — 2. Einfluß der Territorialwirtschaftspolitik auf das Stapelrecht. — 3. Stapelkämpfe. — 4. Stellung des Reiches zum Stapelrecht. — 5. Entartung des Stapelrechts. — 6. Stapelrechtsliteratur.

Siebenter Abschnitt. Das Stapelrecht im 18. und 19. Jahrhundert. Sein Ende . . . . 104—114

    1. Inhalt des Stapelrechts in dieser Periode. — 2. Gefährdung des Bestandes des Stapelrechts im 18. Jahrhundert. — 3. Das Ende des Stapelrechts.

Druckfehlerberichtigung.

S. 8	Z. 17	von unten	lies:	vorweggenommen	statt	vorgenommen.
„ 11	„ 3	„	„	die meisten Städte	„	die Städte.
„ 26	„ 11	„	„	Österreich	„	Öterreich.
„ 46	„ 7	„	„	Anusum	„	Aunsum.
„ 47	„ 1	„ oben	„	navibus	„	navilus.

Literaturnachweis.

I. Quellensammlungen.

1. Berlinisches Stadtbuch: Neue Ausgabe. Berlin 1883.
2. Bischoff: Österreichische Stadtrechte und Privilegien. Wien 1857.
3. Bundesgesetzblatt des Norddeutschen Bundes. 1866 ff.
4. Emminghaus: Corpus juris Germanici tam publici quam privati academicum. 2. Aufl. Jena 1844.
5. Ennen-Eckertz: Quellen zur Geschichte der Stadt Köln. Band 1—6. Köln 1860—79.
6. Urkundenbuch der Stadt Erfurt. 2 Teile. Halle 1889, 1897.
7. Gaupp: Deutsche Stadtrechte des Mittelalters. Breslau 1851 ff.
8. Gengler: Deutsche Stadtrechte des Mittelalters. Erlangen 1852.
9. Gengler: Codex juris municipalis Germaniae medii aevi. Erlangen 1863.
10. Gesetzsammlung für die Königlich Preußischen Staaten. 1806 ff.
11. Die Rezesse und anderen Akten der Hansetage von 1256—1430, herausgegeben von Koppmann, 8 Bände, Leipzig 1870—1897, von 1431—1476 herausgegeben von v. d. Ropp, 7 Bände, Leipzig 1876—1892, von 1477—1530 herausgegeben von D. Schäfer, Band 1—6 (—1516), 1881 ff.
12. Hansisches Urkundenbuch, Band 1—9. Halle-Leipzig 1876 ff.
13. Hegel: Die Chroniken der deutschen Städte. 28 Bände. Leipzig 1862 ff.
14. Hertel: Urkundenbuch der Stadt Magdeburg. Band 26—28 der Geschichtsquellen der Provinz Sachsen und angrenzender Gebiete. Halle 1870 ff.
15. Hilgard: Urkunden zur Geschichte der Stadt Speyer. Straßburg 1885.
16. Keutgen: Urkunden zur städtischen Verfassungsgeschichte. Berlin 1901.
17. Lacomblet: Urkundenbuch für die Geschichte des Niederrheins. Düsseldorf 1840—58.
18. Codex diplomaticus Lubecensis. 1. Abteilung: Urkundenbuch der Stadt Lübeck, 11 Teile. Lübeck 1843 ff.

19. Lünig: Teutsches Reichsarchiv. Leipzig 1710–1722. 24 Bände.
20. v. Meiller: Österreichische Stadtrechte und Satzungen aus der Zeit der Babenberger, im Archiv für die Kunde österreichischer Geschichtsquellen, herausgegeben von der kaiserlichen Akademie der Wissenschaften. Band 10. Wien 1853, S. 89 ff.
21. Monumenta Germaniae historica. Hannover-Berlin 1826 ff.
22. Mylius: Corpus Constitutionum Marchicarum, Teil V und VI. Berlin-Halle 1736 ff.
23. Prümmers: Pommersches Urkundenbuch. Band 1—6. Stettin 1868—1907.
24. Codex Diplomaticus. Sammlung von Urkunden zur Geschichte Cur-Rätiens und der Republik Graubünden. Band 3. Cur 1861.
25. Riedel: Codex diplomaticus Brandenburgensis. Berlin 1842 ff.
26. Rößler: Deutsche Rechtsdenkmäler aus Böhmen und Mähren. Prag 1845 f.
27. Codex diplomaticus Saxoniae regiae. 2. Hauptteil. Leipzig 1864 ff.
28. Schöttgen-Kreysig: Diplomataria et Scriptores Historiae Germanicae medii aevi. Altenburg 1760.
29. Codex diplomaticus Silesiae. Band 17. Breslau 1896.
30. Stein: Akten zur Geschichte der Verfassung und Verwaltung der Stadt Köln im 14. und 15. Jahrhundert. 2 Bände. Bonn 1893—1895.
31. Toeppen: Akten der Ständetage Preußens unter der Herrschaft des Deutschen Ordens. Band 1—5. Leipzig 1878—86.
32. Tzschoppe-Stenzel: Urkundensammlung zur Geschichte des Ursprungs der Städte in Schlesien und der Oberlausitz. Hamburg 1832.
33. v. dem Wall: Handvesten en privilegien van Dordrecht. 3 Deelen. Dordrecht 1790.
34. Geschichtsquellen der Stadt Wien, herausgegeben von Weiß. 1. Abteilung: Tomaschek: Die Rechte und Freiheiten der Stadt Wien. 2 Bände. Wien 1877 ff.
35. Winter: Urkundliche Beiträge zur Rechtsgeschichte ober- und niederösterreichischer Städte, Märkte und Dörfer. Innsbruck 1877.
36. Wuttke: Städtebuch des Landes Posen. Leipzig 1897.
37. Zeumer: Quellensammlung zur Geschichte der deutschen Reichsverfassung in Mittelalter und Neuzeit. Leipzig 1904.

II. Darstellungen.

(Angeführt sind nur die dem Verfasser zugänglich gewesenen Werke.)

1. Ashley: Englische Wirtschaftsgeschichte. Übersetzt von R. Oppenheim. 2 Bände. Leipzig 1896.
2. v. Below: Das ältere deutsche Städtewesen und Bürgertum. Leipzig-Bielefeld 1898.

3. v. Below: Über Theorien der wirtschaftlichen Entwickelung der Völker mit besonderer Rücksicht auf die Stadtwirtschaft des deutschen Mittelalters, in der Historischen Zeitschrift. Band 86. Neue Folge Band 50, S. 1 ff. München-Leipzig 1901.
4. v. Below: Der Untergang der mittelalterlichen Stadtwirtschaft in Conrads Jahrbüchern für Nationalökonomie und Statistik. Band 76, S. 449 ff., 593 ff. 1907.
5. Bergius: Policey- und Cameral-Magazin Band 8. Frankfurt a. M. 1774.
6. Beseler: System des gemeinen deutschen Privatrechts. Band 2, S. 1033. Berlin 1885.
7. Besold: Thesaurus Practicus cum novis additionibus. Nürnberg 1679.
8. Biedermann: Das Stapelrecht, seine höchste Blüte und sein allmählicher Verfall, in der Vierteljahrsschrift für Volkswirtschaft und Kultur, Band 72. Berlin 1882.
9. Born: De jure Stapulae et Nundinarum civitatis Lipsiae. Dissertationes binae. Leipzig 1738.
10. Brunner: Deutsche Rechtsgeschichte. Band 2. Leipzig 1892.
11. Brunner: Grundzüge der deutschen Rechtsgeschichte. 3. Auflage. Leipzig 1908.
12. Bücher: Die Entstehung der Volkswirtschaft. 1. Aufl. Tübingen 1893.
13. Büsch: Theoretisch-praktische Darstellung der Handlung. 1. und 2. Teil. 2. Aufl. Hamburg 1799.
14. Cellarius: Kurtze historische Nachricht von dem Stapelrecht der alten Stadt Magdeburg. Magdeburg 1741.
15. Daenell: Geschichte der deutschen Hanse in der zweiten Hälfte des 14. Jahrhunderts. Leipzig 1897.
16. v. Dalberg: Beyträge zur Geschichte der Erfurter Handlung. Erfurt 1780.
17. Eckert: Das Mainzer Schiffergewerbe in den letzten drei Jahrhunderten des Kurstaates, in den Staats- und sozialwissenschaftlichen Forschungen. Band 16, Heft 3. Leipzig 1898.
18. Eckert: Rheinschiffahrt im 19. Jahrhundert, in den Staats- und sozialwissenschaftlichen Forschungen. Band 18, Heft 5. Leipzig 1900.
19. Ehrenberg: Die Anfänge des Hamburger Freihafens. Hamburg-Leipzig 1888.
20. Eichhorn: Einleitung in das deutsche Privatrecht. 5. Aufl. Göttingen 1845.
21. Falke: Die Geschichte des deutschen Handels. Leipzig 1859—60.
22. Falke: Die Geschichte des deutschen Zollwesens. Leipzig 1869.
23. Fischer: Geschichte des deutschen Handels. 2 Bände. Hannover 1785.
24. Fritsch: Opuscula varia juris publici et privati. Nürnberg 1690.

25. Gallois: Geschichte der Stadt Hamburg. 3 Bände. Hamburg 1853—56.
26. Geering: Handel und Industrie der Stadt Basel. Basel 1886.
27. Gemeiner: Reichsstadt Regensburgische Chronik. 4 Bände. Regensburg 1800—24.
28. Gothein: Zur Geschichte der Rheinschiffahrt, in der Westdeutschen Zeitschrift für Geschichte und Kunst. Band 14, S. 231 ff. Trier 1895.
29. Grimm: Deutsche Rechtsaltertümer. 4. Aufl. Herausgegeben von Heusler und Hübner. Band 2. Leipzig 1899.
30. Hagedorn: Verfassungsgeschichte der Stadt Magdeburg bis zum Ausgange des 13. Jahrhunderts, in den Geschichtsblättern für Stadt und Land Magdeburg. 16. Jahrgang. Magdeburg 1881.
31. Hahl: Zur Geschichte der volkswirtschaftlichen Ideen in England gegen Ausgang des Mittelalters. Würzburger Dissertation. Jena 1893.
32. Haltaus: Glossarium Germanicum medii aevi. Leipzig 1758.
33. Hasse: Geschichte der Leipziger Messe. Leipzig 1885.
34. Heinholdt: Vorzugsrechte der Stapel- und Meßgerechtigkeit in Leipzig vor anderen Städten in Teutschland. Leipzig 1741.
35. Heller: Die Handelswege Inner-Deutschlands im 16., 17. und 18. Jahrhundert. Leipziger Dissertation. Dresden 1884.
36. Hertel: Der Streit des Erzbischofs Ernst mit der Stadt Magdeburg, 1494—1497, in den Geschichtsblättern für Stadt und Land Magdeburg. 23. Jahrgang. Magdeburg 1888.
37. Hippel, Das Königsbergische Stapelrecht, eine Geschichtserzählung mit Urkunden. Berlin 1791.
38. Hirsch: Danzigs Handels- und Gewerbegeschichte unter der Herrschaft des Deutschen Ordens. Leipzig 1858.
39. Hoffmann, Geschichte der Stadt Magdeburg. Neu bearbeitet von Hertel und Hülße. 2 Bände. Magdeburg 1885—86.
40. Holtze; Das Berliner Handelsrecht im 13. und 14. Jahrhundert, in den Schriften des Vereins für die Geschichte der Stadt Berlin. Heft 16. Berlin 1880.
41. Holtze: Die Berliner Handelsbesteuerung und Handelspolitik im 13. und 14. Jahrhundert, in den Schriften des Vereins für die Geschichte der Stadt Berlin. Heft 19. Berlin 1881.
42. Hontheim: Historia Trevirensis diplomatica et pragmatica. Augsburg 1750.
43. Hübsch: Versuch einer Geschichte des böhmischen Handels. Prag 1849.
44. Jargow: Einleitung zu der Lehre von den Regalien. Rostock-Wismar 1757.
45. v. Inama-Sternegg: Deutsche Wirtschaftsgeschichte. 3 Bände. Leipzig 1879—1901.

46. Kloeden: Über die Stellung des Kaufmanns während des Mittelalters, besonders im nordöstlichen Deutschland. Berlin 1841 ff.
47. Kloeden: Beiträge zur Geschichte des Oderhandels. Erstes bis achtes Stück. Berlin 1845 ff.
48. Klüber: Öffentliches Recht des teutschen Bundes. 4. Aufl. Frankfurt a. M. 1840.
49. Koch: Das Leben des Erzbischofs Burchards III. von Magdeburg (1307—1325), in den Geschichtsblättern für Stadt und Land Magdeburg. 23. Jahrgang. Magdeburg 1888.
50. Koser: König Friedrich der Große. 1. Band. 2. Aufl. Stuttgart 1901.
51. Kratz: Die Städte der Provinz Pommern. Abriß ihrer Geschichte, zumeist nach Urkunden. Berlin 1865.
52. Kriele: Die Regulierung der Elbschiffahrt 1819—1821, in den Abhandlungen aus dem Staatswissenschaftlichen Seminar zu Straßburg, Heft 13. Straßburg 1894.
53. Kühlewein: Dei et Superiorum Permissu Jus Stapulae vulgo das Stapelrecht. Leipzig 1702.
54. Kurz: Österreichs Handel in älteren Zeiten. Linz 1822.
55. Lehmann: Chronica der freyen Reichsstadt Speyer. Frankfurt a. M. 1612.
56. Pragmatische Handlungsgeschichte der Stadt Leipzig. Leipzig 1772.
57. Leuber: Disquisitio planaria Stapulae Saxoniae. Leipzig 1658.
58. Lexis in Schönbergs Handbuch der politischen Ökonomie. 4. Aufl. 2. Band. 2. Halbband. Tübingen 1898.
59. Limnaeus: Capitulationes Imperatorum et Regum Romano-Germanorum. Straßburg 1658.
60. Lindner: Die Deutsche Hanse. Ihre Geschichte und Bedeutung. 2. Aufl. Leipzig 1901.
61. Loccenius: De jure maritimo et navali libri tres, im Fasciculus Scriptorum de jure nautico et maritimo. Halle-Magdeburg 1740.
62. Luschin von Ebengreuth: Die Handelspolitik der österreichischen Herrscher im Mittelalter, im Almanach der Kaiserlichen Akademie der Wissenschaften. 43. Jahrgang. Wien 1893.
63. Abhandlung von dem Stapelrecht der alten Stadt Magdeburg. Leipzig 1742.
64. Consiliorum sive Responsorum Doctorum et Professorum Facultatis Juridicae in Academia Marpurgensi Volumen quartum. Frankfurt a. M. 1631.
65. Marquard: De jure Mercatorum et commerciorum singulari libri IV. Frankfurt 1662.
66. Mäuß: Geschichte des magdeburgischen Stapelrechts, in den Geschichtsblättern für Stadt und Land Magdeburg. 38. Jahrgang. Magdeburg 1903.

67. Mayer: Bayerns Handel im Mittelalter und in der Neuzeit. München 1893.
68. Mayr: Lehrbuch der Handelsgeschichte auf Grundlage der Wirtschafts- und Sozialgeschichte. Wien 1894.
69. Mevius: Commentarii in jus Lubecense libri V. Frankfurt-Leipzig 1700.
70. Mittermaier: Grundsätze des gemeinen deutschen Privatrechtes. 2. Band. 7. Aufl. Regensburg 1847.
71. Mynsinger: Responsorum Juris sive Consiliorum Decades decem. Basel 1580.
72. Naudé: Deutsche städtische Getreidehandelspolitik vom 15. bis 17. Jahrhundert, in den Staats- und sozialwissenschaftlichen Forschungen. Band 8. Heft 5. Leipzig 1888.
73. Naudé: Die Getreidehandelspolitik der europäischen Staaten vom 13. bis zum 18. Jahrhundert, als Einleitung in die Preußische Getreidehandelspolitik in den Acta Borussica: Die einzelnen Gebiete der Verwaltung: Getreidehandelspolitik. Band 1. Berlin 1896.
74. van Nießen: Städtisches und territoriales Wirtschaftsleben im märkischen Odergebiet bis zum Ende des 14. Jahrhunderts, in den Forschungen zur brandenburgischen und preußischen Geschichte. 16. Band. 1. Hälfte. S. 1—162. Leipzig 1903.
75. Nitzsch: Die niederdeutschen Verkehrseinrichtungen neben der alten Kaufgilde, in der Savigny-Zeitschrift für Rechtsgeschichte, Germanistische Abteilung. 15. Jahrgang, S. 1 ff. 1894.
76. Noack: Das Stapel- und Schiffahrtsrecht Mindens vom Beginn der preußischen Herrschaft 1648 bis zum Vergleiche mit Bremen 1769, in den Quellen und Darstellungen zur Geschichte Niedersachsens. 16. Band. Hannover-Leipzig 1904.
77. Nübling: Ulms Kaufhaus im Mittelalter. Ulm 1900.
78. v. Ochenkowski: Englands wirtschaftliche Entwickelung am Ausgange des Mittelalters. Jena 1879.
79. Ockhart: Geschichtliche Darstellung der früheren und späteren Gesetzgebung über Zölle und Handelsschiffahrt des Rheins, mit Rücksicht auf die Beschlüsse des Wiener Kongresses für die künftige Verwaltung dieses Stroms und seiner Nebenflüsse. Mainz 1818.
80. Pfeffinger: Vitriarii Institutionum Juris Publici novis notis a Johanne Friderico Pfeffingero Illustratarum Tomus III. Gotha 1725.
81. Philippi: Beiträge zur Geschichte und Statistik der deutschen Messen. Frankfurt a. O. 1857.
82. Preuß: Die Entwickelung des deutschen Städtewesens. 1. Band: Entwickelungsgeschichte der deutschen Städteverfassung. Leipzig 1906.
83. Priebatsch: Die Hohenzollern und die Städte der Mark im 15. Jahrhundert. Berlin 1892.

84. Priebatsch: Der märkische Handel am Ausgange des Mittelalters, in den Schriften des Vereins für die Geschichte der Stadt Berlin. Heft 36. Berlin 1899.
85. Quetsch: Geschichte des Verkehrswesens am Mittelrhein. Freiburg 1891.
86. Rathgen: Artikel „Stapelrecht" im 2. Band des Wörterbuchs der Volkswirtschaft von Elster. 1. Aufl., S. 618—19, 1898, und 2. Aufl., S. 982—83, 1907.
87. Rauprich: Breslaus Handelslage im Ausgange des Mittelalters, in der Zeitschrift des Vereins für Geschichte und Altertum Schlesiens. 26. Band. Breslau 1892.
88. Rauprich: Der Streit um die Breslauer Niederlage, in der Zeitschrift des Vereins für Geschichte und Altertum Schlesiens. 27. Band. Breslau 1893.
89. van Rijswijk: Geschiedenis van het Dordtsche Stapelrecht. Leidener Dissertation. 's Gravenhage 1900.
90. Ritter: Deutsche Geschichte im Zeitalter der Gegenreformation und des Dreißigjährigen Krieges. 1. Band. Stuttgart 1889.
91. Rivier: Lehrbuch des Völkerrechts. Stuttgart 1889.
92. Rogge: Der Stapelzwang des hansischen Kontors zu Brügge im 15. Jahrhundert. Dissertation. Kiel 1903.
93. Roscher-Stieda: Nationalökonomik des Handels- und Gewerbefleißes. 7. Aufl. Stuttgart 1899.
94. Schäfer: Die Hanse. Bielefeld-Leipzig 1903.
95. Schanz: Englische Handelspolitik gegen Ende des Mittelalters. 1. Band. Leipzig 1881.
96. Schmoller: Die Straßburger Tucher- und Weberzunft. Straßburg 1879.
97. Schmoller: Studien über die wirtschaftliche Politik Friedrichs des Großen und Preußens überhaupt von 1680—1786, in den Jahrbüchern für Gesetzgebung und Verwaltung. Neue Folge 8. Band. Leipzig 1884.
98. Schmoller: Umrisse und Untersuchungen zur Verfassungs-, Verwaltungs- und Wirtschaftsgeschichte, besonders des preußischen Staates im 17. und 18. Jahrhundert. Leipzig 1898.
99. Schottelius: Kurtzer Traktat von unterschiedlichen Rechten in Teutschland. Frankfurt-Leipzig 1671.
100. Schroeder: Deutsche Rechtsgeschichte. 5. Aufl. Leipzig 1907.
101. Smalian: Gründliche Widerlegung des von der Stadt Leipzig angemaßten unbefugten Straßenzwanges gegen die Stadt Magdeburg. Magdeburg 1748.
102. Soetbeer: Des Stader Elbzolls Ursprung, Fortgang und Bestand. Eine politische Darstellung. Hamburg 1839.

103. Das Staffelrecht oder die Stations-Fahrt auf dem Rheine, insbes. die Staffelgerechtsame der Stadt Maynz in geschichtlich-rechtlich und polizeylicher Hinsicht dargestellt. Mainz 1814.
104. Stein: Beiträge zur Geschichte der deutschen Hanse bis um die Mitte des 15. Jahrhunderts. Gießen 1900.
105. Stieda: Artikel „Stapelrecht" in Conrads Handwörterbuch der Staatswissenschaften. 2. Aufl, 6. Band, S. 992 ff. 1901.
106. Stypmann: Jus Maritimum, im Fasciculus Scriptorum de jure nautico et maritimo. Halle-Magdeburg 1740.
107. Toeche-Mittler: Der Friedrichs-Wilhelmskanal und die Berlin-Hamburger Flußschiffahrt, in den Staats- und sozialwissenschaftlichen Forschungen. 11. Band. Heft 3. Leipzig 1891.
108. Warnkönig: Flandrische Staats- und Rechtsgeschichte bis zum Jahre 1805. 2 Bände. Tübingen 1835—36.
109. Warnkönig-Stein: Französische Staats- und Rechtsgeschichte. 2. Aufl. 1. Band. Basel 1875.
110. Weißenborn: Die Elbzölle und Elbstapelplätze im Mittelalter. Dissertation. Halle 1900.
111. Werdenhagen: De rebus publicis Hanseaticis. Leiden 1633.
112. Geschichte der Stadt Wien, herausgegeben vom Altertumsverein zu Wien, redigiert von H. Zimmermann. 2 Bände. Wien 1897 ff.
113. Windscheid: Commentatio de Stapula qua praecipue Ducatibus Juliae et Montium Libertas navigandi et commercandi in Rheno contra injustas Agrippinatum Molitiones vindicatur. Düsseldorf 1775.
114. Wurm: Eine deutsche Kolonie und deren Abfall, in der Allgemeinen Zeitschrift für Geschichte. 5. und 6. Band. Berlin 1845—46.
115. Zepper: Discursus juridicus contra jus aggratiandi, detractionis, item stapulae. Bremen 1661.
116. Zöpfl: Das Kommerzienwesen in Franken und dessen Förderung im Hochstift Würzburg während der ersten Hälfte des 18. Jahrhunderts. Würzburger Dissertation. 1893.
117. Zöpfl: Fränkische Handelspolitik im Zeitalter der Aufklärung. Erlangen-Leipzig 1894.

Hilfsmittel.

1. Du Cange: Glossarium mediae et infimae latinitatis, herausgegeben von Favre. 10 Bände. Niort 1883—87.
2. Diez: Etymologisches Wörterbuch der romanischen Sprachen. 5. Aufl. Bonn 1887.
3. Grimm: Deutsches Wörterbuch. Leipzig 1854 ff.
4. Kluge: Etymologisches Wörterbuch der deutschen Sprache. 7. Aufl. Straßburg 1910.

Einleitung.

Mit Recht hat K r i e l e in seiner Arbeit „Die Regulierung der Elbschiffahrt 1819—1821" [1] darauf aufmerksam gemacht, daß es „eine dankenswerte Aufgabe sein würde, die juristische und wirtschaftliche Natur des Ausdrucks Stapelrecht ausführlich darzustellen." Aber nicht nur von der juristischen und wirtschaftlichen N a t u r des Stapelrechts gilt dies, sondern noch viel mehr von seiner R e c h t s g e s c h i c h t e. Denn das Stapelrecht, d. h. das einer Stadt zustehende Recht, Waren, die nach anderen Orten bestimmt sind, anzuhalten und ihre Feilbietung zu erzwingen, ist einer genauen Betrachtung, die es auf seine Entstehung, auf seine Entwicklung und auf seinen begrifflichen Inhalt hin, also rechtshistorisch und rechtsdogmatisch untersucht, sehr bedürftig. Ob auch, wie K r i e l e meint, eine volkswirtschaftliche Betrachtung notwendig ist, kann zweifelhaft erscheinen. Denn wenn auch, wie unten näher dargelegt werden wird, die umfangreiche nationalökonomische Literatur über das Stapelrecht für den Rechtshistoriker und Juristen wenig ergiebig ist, so ist doch wohl seit dem Einsetzen der historischen Arbeitsmethode auf dem Gebiete der Nationalökonomie die wirtschaftsgeschichtliche und volkswirtschaftliche Bedeutung des Stapelrechts in richtiger Weise gewürdigt worden.

Die Notwendigkeit der rechtshistorischen und rechtsdogmatischen Betrachtung des Stapelrechts jedoch bestätigt eine kurze kritische Übersicht über die Stapelrechtsliteratur.

Neuere rechtshistorische und juristische Literatur über das Stapelrecht besitzen wir nicht. Die kurzen Erwähnungen

---

[1] S. 186, Anm. 22.

bei Schroeder in der „Deutschen Rechtsgeschichte", bei Mittermaier in den „Grundsätzen des deutschen Privatrechts", bei Eichhorn in der „Einleitung in das deutsche Privatrecht", bei Beseler im „System des gemeinen deutschen Privatrechts" und bei Brunner in den „Grundzügen der deutschen Rechtsgeschichte" sind von keiner Bedeutung. Schroeder[2] hat Quellenmaterial wohl nicht verwertet. Er fußt scheinbar nur auf der älteren juristischen und der wirtschaftsgeschichtlichen Literatur mit ihren vielfach irrigen Ansichten. Er gibt auch nur einige kurze Notizen. Mittermaier[3] widmet zwar dem Stapelrechte einen ganzen, wenn auch kurzen Paragraphen. Macht man aber Mittermaier auch sonst wohl den Vorwurf, daß sein deutsches Privatrecht nur eine Stoffsammlung sei, so trifft dies auch hinsichtlich des Stapelrechts zu. Auch hier hat er zu seiner kurzen Skizzierung der Entstehung und des Inhalts des Stapelrechts nur Stoff zusammengetragen, ohne ihn kritisch zu verarbeiten und ohne den Quellen selbst nachzugehen. Eichhorn[4] und Beseler[5] erwähnen das Stapelrecht nur ganz kurz, ebenfalls ohne kritische Nachprüfung der Quellen und älteren Ansichten. Brunner[6] endlich gedenkt des Stapelrechts nur bei der Aufzählung der iura reservata limitata des Kaisers und gibt zugleich dabei in Kürze eine Definition von ihm. Unter diesen Umständen kann man von einer neueren juristischen oder rechtshistorischen Literatur über das Stapelrecht natürlich nicht gut sprechen.

Reichhaltiger und zahlreicher ist dagegen die juristische Literatur des 17. und 18. Jahrhunderts. Es ist dies auch erklärlich. Handelte es sich doch für die Juristen dieser Zeit um ein Rechtsinstitut, das, wenn es auch schon im Absterben begriffen war, immer noch ein Faktor des prak-

---

[2] 5. Aufl., S. 657, Anm. 82 u. S. 833.
[3] Bd. II, S. 848—49, 7. Aufl.
[4] 5. Aufl., S. 917.
[5] Bd. II, S. 1033.
[6] 3. Aufl., S. 265, Text u. Anm. 2.

tischen Lebens war. Diese Tatsache hat aber für die wissenschaftliche Behandlung des Stapelrechts in dieser Zeit erhebliche Nachteile gehabt, ist vielleicht sogar an der Begriffsverwirrung, die heute hinsichtlich des Ausdrucks Stapelrecht herrscht, Schuld[7].

Die juristische Literatur jener Zeiten besteht nämlich zu einem großen Teile aus Streitschriften[8], die entweder das Stapelrecht einer Stadt gegen die Angriffe der Anhänger anderer Stapelstädte oder der Landesfürsten schützen oder aber nachweisen wollen, daß das Stapelrecht irgend einer Stadt unrechtmäßig geltend gemacht werde. In ihnen werden nun der Inhalt des Stapelrechts, die Art seiner Verleihung und seine Entstehung meist so dargestellt, wie es der verteidigten Stadt günstig und der angegriffenen Stadt nachteilig ist. Dazu kommt noch etwas anderes, das diese Literatur nicht recht brauchbar macht. Es fehlt in ihr eine Darstellung der historischen Entwicklung und des Inhalts des Rechts in früheren Zeiten.

Dieser Mangel ist auch bei denjenigen Schriftstellern dieser Zeit zu finden, die, ohne Stellung in den Stapelrechtsstreiten zu nehmen, eine Darstellung des Stapelrechts rein nach wissenschaftlichen Gesichtspunkten geben wollen[9]. Zu-

---

[7] Schmoller, Studien über die wirtschaftliche Politik Friedrichs des Großen, Jahrb. f. Gesetzgebung u. Verwaltung, Neue Folge, Bd. VIII, S. 1026; Kloeden, Stellung des Kaufmanns im Mittelalter, S. 15.

[8] Z. B. Cellarius, Kurtze historische Nachricht von dem Stapelrecht der alten Stadt Magdeburg, 1741; Leuber, Disquisitio planaria stapulae Saxoniae, 1658; Born, De jure Stapulae et Nundinarum civitatis Lipsiae, 1738; Abhandlung von dem Stapelrecht der alten Stadt Magdeburg, 1742; Heinholdt, Vorzugsrechte der Stapel- und Meßgerechtigkeit in Leipzig vor anderen Städten in Teutschland, 1741; v. Hippel, Das Königsbergische Stapelrecht, 1793; Smalian, Gründliche Widerlegung des von der Stadt Leipzig angemaßten unbefugten Straßenzwangs gegen die Stadt Magdeburg, 1748; Windscheid, Commentatio de Stapula qua praecipue Ducatibus Juliae et Montium Libertas navigandi et commercandi in Rheno contra injustas Agrippinatum Molitiones vindicatur, 1775.

[9] Z. B. Haltaus, Glossarium Germanicum medii aevi, 1758; Pfeffinger, Vitriarius illustratus, Bd. III, 1725; Zepper, Discursus

dem betrachten sie das Stapelrecht meist nur vom staatsrechtlichen Gesichtspunkte aus; es kommt ihnen nur darauf an, die Frage der Verleihung und des Erlöschens des Stapelrechts zu prüfen, allenfalls noch die Frage der Wirkung des Stapelrechts gegen die Städte fremder Territorien. Bedenkt man nun noch, daß das uns heute zur Verfügung stehende Quellenmaterial diesen Schriftstellern nicht zur Hand war, und daß sie ferner dem Quellenmaterial, insbesondere den gefälschten Privilegien, nicht sehr kritisch gegenüberstanden, so ist es nicht wunderbar, daß diese ältere Literatur unseren Ansprüchen in rechtshistorischer Hinsicht nicht genügt. Um so bedauerlicher ist es, daß fast alles, was die nationalökonomische Literatur an Begriffsbestimmungen und Ansichten über die Entwicklung des rechtlichen Inhalts des Stapelrechts enthält, auf dieser älteren juristischen Literatur und noch einer anderen Gattung von Schriften beruht, deren Inhalt im folgenden besprochen werden soll.

Als nämlich seit der Mitte des 18. Jahrhunderts unter dem Einfluß der Freihandelsideen und des Naturrechts eine dem Bestande des Stapelrechts feindliche Richtung in der nationalökonomischen Literatur einsetzte[10], und als seit dem Ende dieses Jahrhunderts Maßnahmen zur Aufhebung der noch bestehenden Rudimente des Stapelrechts getroffen wurden, da fanden sich in den eifersüchtig auf die Wahrung ihrer Rechte bedachten Stapelstädten und in den Territorien, in denen sie lagen, Schriftsteller, die sich des in seinem Bestande bedrohten Stapelrechts annahmen und Erörterungen

---

juridicus, 1661; B e s o l d, Thesaurus practicus, 1679; F r i t s c h, Opuscula varia juris publici et privati, 1690; J a r g o w, Einleitung zu der Lehre von den Regalien, 1757; L i m n a e u s, Capitulationes Imperatorum, 1658; L o c c e n i u s, Libri tres de jure maritimo et navali, 1740; M a r q u a r d, Libri quatuor de jure Mercatorum et commerciorum, 1662; S c h o t t e l i u s, Kurtzer Traktat von unterschiedlichen Rechten, 1671; S t y p m a n n, Jus maritimum, 1740.

[10] Z. B. B e r g i u s, Policey- und Cameralmagazin, 1774, Bd. VIII, S. 198—200; B ü s c h, Theoretisch-praktische Darstellung der Handlung, 2. Aufl. 1799, I. Teil, S. 261, II. Teil, S. 26 u. a.

über seine Zweckmäßigkeit und Nützlichkeit anstellten[11]. Auch sie gaben hierbei, ebenso natürlich auch die Stapelrechtsgegner, den Inhalt des Stapelrechts an, und zwar so, wie sie es zu ihren Zwecken benötigten, d. h. sie gaben meist als Inhalt etwas ganz anderes, als den wirklichen Inhalt des Rechts an.

Da nun die neuere nationalökonomische und wirtschaftsgeschichtliche Literatur[12] hinsichtlich der Begriffsbestimmung und des Inhalts des Stapelrechts auf den vorerwähnten Literaturgattungen fußt, so ist ihr Wert für den Rechtshistoriker und Juristen natürlich nur gering. Außerdem zeigt sie aber noch gewisse andere Mängel. Einmal hat man zwar in nationalökonomischen Schriften oft zu erklären versucht, welche wirtschaftlichen Gründe die Entstehung des Stapelrechts veranlaßt haben, jedoch kein nennenswerter Versuch ist gemacht worden, zu erklären, ob das Stapelrecht sich aus irgend welchen Rechten heraus entwickelt, oder ob man es im Bewußtsein seiner Neuheit geschaffen hat, wo die Entstehung des Rechtes ihren Anfang genommen, und welchen Verlauf sie gehabt hat. Diesem Mangel einer gründlichen Untersuchung über die Entstehung des Stapelrechts entspricht denn auch ein Chaos von falschen und unbegründeten Ansichten über das Alter des Stapelrechts. Sodann fehlt es in der nationalökonomischen und wirtschaftsgeschichtlichen Literatur, trotzdem sie sich in den letzten dreißig Jahren in überreichem Maße mit dem Stapelrecht befaßt hat, und wir vorzügliche Arbeiten über die Stapelrechte einzelner Städte oder Territorien, so z. B. über die Stapelrechte von Breslau, Magdeburg, Dordtrecht, Frankfurt a. O., der Städte der Mark Brandenburg usw.[13] haben, vollständig

---

[11] Z. B. das Staffelrecht oder die Stationsfahrt auf dem Rheine, insbesondere die Staffelgerechtsame der Stadt Maynz, 1814; Ockhart, Geschichtliche Darstellung der Gesetzgebung des Rheins, 1818.

[12] Vgl. über sie Stiedas nicht ganz vollständige Zusammenstellung im Handwörterbuch der Staatswissenschaften, Bd. VI, S. 1006, und unseren Literaturnachweis.

[13] Z. B. Rauprich, Der Streit um die Breslauer Niederlage, Zeitschr. d. Vereins f. Gesch. u. Altertum Schlesiens, Bd. 27, S. 54 ff.;

an einer guten Schilderung der Entstehung, des Entwicklungsganges und des Inhalts des Stapelrechts im allgemeinen. Die Arbeit von Biedermann[14], hinter deren allgemein lautendem Titel man einen reichen, allgemeinen Inhalt vermutet, ist in Wahrheit nur eine Monographie über das Leipziger Stapelrecht. Die Ausführungen von Rathgen im Volkswirtschaftlichen Wörterbuch von Elster[15] und die von Lexis in Schönbergs Handbuch der politischen Ökonomie[16] sind zu kurz, um etwas genaues zu geben. Der Artikel von Stieda im Handwörterbuch der Staatswissenschaften[17] endlich kann, so inhaltreich er in vielen Beziehungen ist, dennoch nicht als den zu stellenden Anforderungen genügend angesehen werden. Einmal ist er im wesentlichen nichts anderes als eine Schilderung des Werdens, Vergehens und Inhalts der einzelnen bedeutenderen Stapelrechte. Heißt doch charakteristischerweise sein längster und inhaltsreichster Abschnitt „Geschichte der wichtigsten Stapelrechte". Sodann hat aber Stieda, was schon Kriele richtig hervorgehoben hat[18], es unterlassen, in genauer und befriedigender Weise die juristische Natur des Stapelrechts zu untersuchen. Auch hat man den Eindruck, als ob er das von ihm übernommene Einzelmaterial nicht genügend nachgeprüft und die Quellen nicht direkt benutzt

---

Schmoller, a. a. O. S. 1024 ff., und Umrisse und Untersuchungen, S. 74 ff.; van Rijswijk. Geschiedenis van het Dordtsche Stapelrecht; Kloeden, Beiträge zur Geschichte des Oderhandels, 1—8 Stück; Priebatsch, Der märkische Handel am Ausgange des Mittelalters; Stein, Beiträge zur Geschichte der deutschen Hanse; Weißenborn, Elbzölle und Elbstapelplätze im Mittelalter; Noack, Stapel- und Schiffahrtsrecht Mindens; van Nießen, Städtisches und territoriales Wirtschaftsleben im märkischen Odergebiet, Forsch. z. brandenburg.-preuß Gesch.. Bd. 16, S. 1 ff.; Mauß, Geschichte des magdeburgischen Stapelrechts, Geschichtsblätter f. Stadt u. Land Magdeburg, Bd. 38, S. 131 ff. u. a.

[14] Das Stapelrecht, seine höchste Blüte und sein allmählicher Verfall, Vierteljahrsschrift f. Volkswirtschaft u. Kulturgeschichte, Bd. 72, S. 1 ff.
[15] 1. Aufl., Bd. II, S. 618—19, 2. Aufl., Bd. II, S. 982—83.
[16] 4. Aufl. Bd. II, Halbbd. II, S. 299.
[17] Bd. VI, S. 992 ff.
[18] A. a. O. S. 187.

habe. Sonst wäre nicht möglich, daß er zuerst selbst eine Begriffsbestimmung des Stapelrechts gibt, dann aber nachher wieder eine ganze Anzahl anderer Definitionen anführt, ohne zu ihnen Stellung zu nehmen. Der ganze Artikel ist ferner von einer seltsamen Unbestimmtheit bezüglich der Streitfragen. Endlich ist Stieda auch viel neuere, wichtige nationalökonomische Literatur entgangen [19].

Befriedigen demnach die nationalökonomischen und wirtschaftsgeschichtlichen Arbeiten im allgemeinen nicht in den für den Rechtshistoriker und Juristen erheblichen Punkten, so soll damit jedoch selbstverständlich nicht etwa gesagt sein, daß nicht in einzelnen Arbeiten über einzelne Punkte richtige Ansichten enthalten sind. So sind z. B. in Arbeiten von Kriele, Mäuß und Hagedorn [20], die sich nicht mit dem Stapelrecht im allgemeinen, sondern nur mit dem einzelner Städte oder auch mit anderen Stoffen befaßt haben, recht richtige Ansichten entwickelt. Aber es fehlt in ihnen die für ihren Zweck auch nicht erforderliche Ausdehnung ihrer Untersuchungen auf das Stapelrecht im allgemeinen und meist auch die nähere Begründung der Ansichten.

Alles in allem genommen, muß man nach kritischer Durchsicht der Literatur wohl sagen, daß eine Arbeit über das Stapelrecht als solches im Gegensatz zu dem Stapelrecht einzelner Städte, die die herrschende Begriffsverwirrung zu lösen sucht, die versucht, die historischen Entwicklungsgänge aufzudecken und das in unseren großen Quellensammlungen aufgehäuft liegende Material zu verwerten, noch nicht vorhanden, und daß demnach in der Tat Krieles Meinung von der Notwendigkeit einer solchen Untersuchung berechtigt ist.

---

[19] Roscher, Nationalökonomik des Handels- und Gewerbefleißes, 7. Aufl., bearbeitet von Stieda, S. 148 ff. leidet ebenfalls an diesen Mängeln.

[20] Mäuß, a. a. O. S. 131 ff.; Hagedorn, Verfassungsgeschichte der Stadt Magdeburg, Geschichtsblätter für Stadt und Land Magdeburg, Bd. 16, S. 375 ff.

Im folgenden soll nun der Versuch einer derartigen rechtshistorisch-juristischen Untersuchung gemacht werden.

Über Anlage und Begrenzung der Arbeit seien jedoch vorher noch einige Bemerkungen gestattet.

Zuerst wird dargelegt werden, welche Stellung das Stapelrecht im Rechts- und Wirtschaftssystem des Mittelalters gehabt hat, wie es eng mit dem städtischen Recht und der städtischen Wirtschaftspolitik verbunden gewesen ist, und welche Verbreitung es in Deutschland gehabt hat (Abschnitt I).

Sodann werden der Ausdruck „Stapel" und der gleichbedeutende Ausdruck „Niederlage" in sprachlicher Hinsicht geprüft und besprochen werden (Abschnitt II).

Darauf wird über die Verleihung des Stapelrechts gehandelt werden, eine Materie, die, trotzdem auch bei ihr, wie bei der Entwickelung des Inhalts des Stapelrechts gewisse, noch näher zu besprechende, zeitliche Abschnitte zu unterscheiden sind, doch am besten im Zusammenhange dargestellt und daher der eigentlichen rechtshistorischen Betrachtung über die Entstehung und Weiterentwickelung des Stapelrechts vorgenommen werden wird (Abschnitt III).

Die Entstehungsgeschichte und der Inhalt des Stapelrechts während der Entstehungszeit wird den nächsten Abschnitt bilden (Abschnitt IV).

Sodann werden zwei Abschnitte folgen, die sich mit dem Stapelrecht in den verschiedenen Perioden seiner Entwickelung beschäftigen werden (Abschnitt V und VI).

Der letzte Abschnitt endlich (Abschnitt VII) wird die Schilderung der letzten Periode des Stapelrechts, der Aufhebungsbestrebungen und seines Endes umfassen.

Nach zwei Richtungen hin sei nun noch kurz die Aufgabe dieser Arbeit näher abgegrenzt.

Zum ersten will sie eine **rechtshistorisch-juristische** sein. Sie will also sich nicht mit Fragen nach der volkswirtschaftlichen Bedeutung des Stapelrechts abgeben. Trotzdem kann selbstverständlich die Wirtschaftsgeschichte nicht vollständig außer Acht gelassen werden. Denn sie wird uns über die Entstehung, Fortentwickelung und das Ende des Stapelrechts wichtige Aufschlüsse geben.

Zum zweiten will diese Arbeit sich nur mit dem **deutschen** Stapelrecht beschäftigen. Zum deutschen Stapelrecht wird aber nicht nur das Stapelrecht der in den Grenzen des heutigen deutschen Reichs liegenden Städte, sondern auch das Recht der ehemals zu ihm gehörenden niederländischen, flämischen und österreichischen Städte, sodann aber auch das Recht der polnischen und anderen außerdeutschen, aber mit deutschem Recht ausgestatteten und zu Zeiten sogar ausschließlich von deutschen Bürgern geleiteten Städte gerechnet. Die Heranziehung jener Stapelrechte bedarf wohl keiner Rechtfertigung, die dieser ist darum berechtigt, weil diese polnischen und anderen außerdeutschen Städte hinsichtlich ihrer Wirtschaft und ihres Rechtes vollständig von den deutschen Städten ab- und mit ihnen zusammenhingen. Man braucht ja nur an die Verbreitung des sächsischen und besonders des magdeburgischen Rechts in Polen und an die Tatsache zu denken, daß Krakau z. B. Hansestadt war[21].

Prinzipiell ausgeschlossen ist dagegen von der Arbeit das fremde, z. B. das englische und das französische Stapelrecht. Über die Natur des englischen Stapelrechts, das etwas ganz anderes wie das deutsche ist, sind wir hinreichend aufgeklärt durch die Arbeiten von Schanz, Ochenkowski und anderen[22]. Das französische harrt wohl noch der sachgemäßen Bearbeitung — die kurzen Bemerkungen bei Warnkönig-Stein[23] befriedigen nicht; eine Heranziehung und Berücksichtigung in dieser Arbeit würde aber über ihren Rahmen hinausgehen. Daher mußte, so interessant auch eine rechtsvergleichende Darstellung des Stapelrechts wäre, von ihr an dieser Stelle Abstand genommen werden.

---

[21] Lindner, Geschichte der deutschen Hanse, 2. Aufl., S. 99.
[22] Schanz, Englische Handelspolitik gegen Ende des Mittelalters. Bd. I, S. 329 ff.; v. Ochenkowski, Englands wirtschaftliche Entwickelung, S. 187 ff.; Ashley, Englische Wirtschaftsgeschichte, übersetzt von Oppenheim, Bd. I, S. 110 ff., Bd. II, S. 21 ff.
[23] Französische Staats- und Rechtsgeschichte, 2. Aufl., Bd. I, S. 311.

Erster Abschnitt.

Stapelrecht und Städterecht. Stapelrecht und Wirtschaftspolitik. Das Stapelrecht in West- und Ostdeutschland.

Das Stapelrecht ist eine Erscheinung des deutschen Städterechts und ein Mittel der städtischen Wirtschaftspolitik.

Als Teil des städtischen Gästerechts[1] gehört es zum städtischen Verwaltungsrecht.

Infolge seines Zusammenhangs mit dem Recht und der Wirtschaftspolitik der mittelalterlichen Stadt teilt es im allgemeinen auch die Schicksale beider.

Wie wir im 11. Jahrhundert plötzlich ein vom Landrecht abweichendes Städterecht haben und eigentlich bis heute noch nicht recht wissen, wie es entstanden ist[2], so haben wir analog im 13. Jahrhundert mit einem Male das Stapelrecht und können auch seine Entstehungsgeschichte und -gründe nur mehr oder weniger mutmaßen.[3]. Wie das Recht und Wesen der Städte Jahrhundertelang eine Blütezeit durchgemacht hat, um schließlich doch dem Territorialstaat zu unterliegen[4], so unterliegt auch das städtische Wirtschaftssystem und mit ihm das Stapelrecht, eines seiner wirk-

---

[1] v. Below, Theorien der wirtschaftlichen Entwickelung der Völker, Historische Zeitschrift, Bd. 86, Neue Folge, Bd. 50, S. 64.

[2] Preuß, Entwickelungsgeschichte der deutschen Städteverfassung, S. 1 ff.

[3] Näheres darüber im vierten Abschnitt.

[4] Preuß, a. a. O. S. 119 ff.

samsten und ausgebildetsten Kampfmitttel [5], nach langer Blütezeit den Gedanken der Territorial- und in weiterer Entwickelung der Volkswirtschaftspolitik [6].

Aber auch in anderer Hinsicht ist die Entwickelung des Stapelrechts der des Städterechts durchaus analog. Wie wir Städterechte haben, deren Entstehung sich unsern Blicken entzieht, so daß sie uns als etwas allmählich Erwachsenes erscheinen, und andere, die durch rechtsübertragenden Akt, durch Nachbildung oder Übernahme anderer älterer Stadtrechte entstanden sind, so haben wir auch Stapelrechte beider Art.

Daß aber das Stapelrecht in seiner Entwickelung so vollständig der des Städterechtes und der deutschen Stadt überhaupt gleicht, hat seinen Grund darin, daß es ein in Recht umgesetztes Bedürfnis der Stadt war. Es war nämlich in der ältesten Zeit im wesentlichen ein Mittel, der Stadt den Bezug und wohlfeilen Kauf der für ihren Konsum nötigen Waren zu sichern. Das zeigt z. B. das Pirnaer Stapelrecht deutlich. Später allerdings verfolgte man mit ihm einen ganz anderen Zweck. Die größeren Städte wollten sich mit ihm ihre Handelsmonopole sichern. Die notwendige Folge davon war der heftigste Konkurrenzkampf und das Entbrennen der Stapelrechtsstreite. Zu gleicher Zeit erstarkte der Territorialherr in seiner Macht und gewann auf die Wirtschaftspolitik, die bisher ausschließlich von den Städten gemacht wurde, ausschlaggebenden Einfluß [7]. Notwendigerweise sanken infolgedessen die Städte aus ihrer Stellung als selbständige Gebietskörperschaften mit eigener Wirtschaftspolitik zu abhängigen Gliedern, zu Verwaltungs-

---

[5] Naudé, Deutsche städtische Getreidehandelspolitik, S. 7; Preuß, a. a. O. S. 48 ff.

[6] Preuß, a. a. O. S. 138—39; Below, Untergang der mittelalterlichen Stadtwirtschaft, in Conrads Jahrbuch, Bd. 76, S. 451, 461; Noack, Stapel- und Schiffahrtsrecht Mindens, S. 1 ff.; Ritter, Deutsche Geschichte im Zeitalter der Gegenreformation, Bd. I, S. 44.

[7] Schmoller, Studien, S. 20 ff., 30 ff., Umrisse, S. 7 ff.; v. Nießen, a. a. O. S. 2 ff.

bezirken des Territoriums herab; und der Territorialherr, der nicht nur für das Wohl und Wehe einer Stadt, sondern zahlreicher Städte zu sorgen hatte, er unterdrückte die Stapelrechte dort, wo sie ihm den Nutzen des Ganzen nicht zu fördern schienen, und stärkte sie nur dort, wo er Nutzen für sich und sein Territorium von ihnen erwartete. Dadurch gingen vor allen Dingen die kleineren Stapelrechte zu Grunde, gerade die, welche den ursprünglichen Zweck, die Versorgung der Stadt mit den zum Konsum nötigen Waren, verfolgten. Bestehen blieben dagegen die Stapelrechte der großen Handelsemporien wie Leipzig, Frankfurt a. O., Stettin, bis schließlich die Territorialwirtschaftspolitik von der Volkswirtschaftspolitik überwunden wurde, und in dieser, die für die Wirtschaftsformen, deren rechtlicher Ausdruck das Stapelrecht war, keinen Raum mehr hatte, das Stapelrecht überhaupt fiel.

Der hier nur skizzierte Zusammenhang zwischen Wirtschaftspolitik und Stapelrecht wird im Einzelnen für jede Periode der Geschichte des Stapelrechts, soweit notwendig, näher dargelegt werden.

Neben ihm ist hier noch einer auffallenden Erscheinung in der Geschichte des Stapelrechts zu gedenken: des Unterschieds zwischen West- und Ostdeutschland. Während wir in Westdeutschland, speziell im Rhein- und Elbgebiet bis 1300 nur Ansätze zum Stapelrecht, höchstens aber Bestimmungen haben, von denen wir sagen können, daß in ihnen ein Stapelrecht, wenn auch noch unentwickelt, enthalten sei, nirgends dort aber um diese Zeit einen festen Begriff und einen Namen für das Stapelrecht ausgeprägt finden[8], wird dagegen in Ostdeutschland schon im Anfang des 13. Jahrhunderts, so z. B. 1221 in Wien[9], das Stapelrecht verliehen, und seit etwa 1250 nicht mehr in der Art, daß der Inhalt des Rechtes im Einzelnen in der Verleihungsurkunde angegeben wird, sondern so, daß bei der Verleihung von einem bestimmten

---

[8] So z. B. in Köln (1259) Hans. Urkundenbuch (H. U.B.) I, Nr. 523, und in Stade (um 1260), H. U.B. I, Nr. 535; Soetbeer, Stader Elbzoll, S. 17.

[9] Wiener Stadtrecht von 1221, Artikel 23, Geschichtsquellen der Stadt Wien, I. Abt., Bd. I, S. 13.

terminus technicus Gebrauch gemacht wird (depositio, exoneratio, nyderlage), dessen näherer Inhalt als bekannt vorausgesetzt wird [10], und nur noch in wenigen Fällen ausdrücklich erläuternd hinzugefügt wird, was der Inhalt des Rechts sei [11]. In Westdeutschland wird dagegen charakteristischer Weise erst seit 1355 der dort übliche terminus technicus „stapel" im Sinne von Stapelrecht gebraucht [12].

Zu erklären ist dieser Unterschied zwischen West- und Ostdeutschland wohl aus folgendem. Als ein für die Handel treibenden Städte wichtiges Recht folgt das Stapelrecht dem Laufe der Flüsse. Daher konnten sich gemäß dem Laufe der deutschen Hauptströme von Süden nach Norden keine Unterschiede zwischen Nord- und Süddeutschland, sondern nur solche zwischen West- und Ostdeutschland bilden [13]. Erklärt ist damit aber nur das eine, daß nämlich sich naturgemäß nur ein Unterschied zwischen Ost und West bilden konnte. Nicht erklärt ist aber damit, w a r u m sich überhaupt ein solcher bildete. Der Grund hierfür ist wohl in dem Gegensatz zwischen Westdeutschland als altem Stammgebiet und Ostdeutschland als Kolonisationsgebiet zu suchen. Entweder ist im kolonisierten Ostdeutschland die Entwicklung des in seinen Anfängen dorthin verpflanzten und noch nicht begrifflich abgegrenzten Stapelrechts eine schnellere als in Westdeutschland gewesen, was die alte Wahrheit der sprunghaften Entwicklung alter Kulturformen des Mutterlandes in

---

[10] So z. B. 1253 in Frankfurt a. O., H. U.B. I, Nr. 459; Riedel, Cod. dipl. Brandenb., I. Teil, Bd. 23, S. 1; in Greifswald 1270, H. U.B. I, Nr. 740, Pomm. U.B. (P. U.B.) II, Nr. 921; in Neu-Landsberg 1257, Riedel, C. d. Br., I. Teil, Bd. 18, S. 370; in Dresden 1272, Cod. dipl. Saxon. reg., II. Teil, Bd. 5, S. 5—6; in Breslau 1274, Gengler, Cod. jur. mun. Germ., S. 357.

[11] So z. B. in Brüx 1273, Gengler, C. j. m. G., S. 424.

[12] v. d. Wall, Handvesten en privilegien van Dordrecht, S. 235: „rechten stapel houden". Schon früher findet sich in Holland der Ausdruck „stapel", aber in einer anderen Bedeutung, so z. B. 1251. Darüber näheres im zweiten Abschnitt.

[13] Ich verdanke den Hinweis auf den Einfluß des geographischen Momentes bei Entstehung des Unterschiedes zwischen West- und Ostdeutschland Herrn Geheimrat Professor Dr. Brunner.

den Kolonien bestätigen würde[14], oder aber es ist gleichzeitig, unabhängig in Westdeutschland wie in Ostdeutschland die Entwicklung des Stapelrechts aus verschiedenen Rechten heraus nebeneinander hergegangen. Damit würde auch die Verschiedenheit des Namens für dasselbe Recht in West- und Ostdeutschland, „Stapel" und „Niederlage", die nicht etwa auf der Teilung Deutschlands in das oberdeutsche und niederdeutsche Sprachgebiet beruht, erklärt sein.

Die hier vorgebrachten Ansichten über die Gründe der Verschiedenheiten zwischen Ost- und Westdeutschland sind natürlich nur mehr oder minder unsichere Mutmaßungen. Ein sicherer Beweis läßt sich für sie bei der Mangelhaftigkeit der Quellen nicht erbringen.

---

[14] Schmoller, Umrisse, S. 113.

Zweiter Abschnitt.
Die Terminologie des Stapelrechts[1].

Bis etwa in die Mitte des 16. Jahrhunderts hinein findet man in den Quellen den Ausdruck „Stapel" und „Niederlage" nirgends in der Verbindung mit den Worten „Recht" und „Gerechtigkeit", also nicht Ausdrücke wie Stapelrecht, Niederlagsrecht, Stapelgerechtigkeit und Niederlagsgerechtigkeit. Es heißt in den Quellen vielmehr immer nur, daß verliehen werde „die Niederlage" oder „der Stapel". Die ältesten uns bekannten Quellen, in denen die Worte „Stapelgerechtigkeit" und „Niederlagsgerechtigkeit" vorkommen, sind ein Dekret Kaiser Maximilians II. vom August 1574 im Streite der Herzöge von Braunschweig-Lüneburg und der Städte Magdeburg und Hamburg und ein damit zusammenhängender Vergleich zwischen den Herzögen und Magdeburg vom selben Jahre. In beiden Quellen heißt es[2]: „ihrer gebührlichen Stapel- und Niederlagsgerechtigkeit ungehindert." In der Folge finden sich dann die Ausdrücke „Stapelgerechtigkeit" und „Niederlagsgerechtigkeit" z. B. wieder in der „Aurea bulla .. über die Staffelgerechtigkeit

---

[1] Als Literatur kommt besonders in Betracht: Kluge, Etymologisches Wörterbuch, 7. Aufl.; Diez, Etym. Wörterbuch d. roman. Sprachen, 5. Aufl., S. 579; Stieda im Handwörterbuch der Staatswissenschaften, Bd. VI, S. 993; Nübling, Ulms Kaufhaus, S. 1 ff.; Pfeffinger, Vitriarius illustratus, Bd. III, S. 201; Haltaus, Gloss., col. 1730; Zepper, Discursus juridicus, S. 118; Born, Dissert. de jure Stapulae, S. 28; Windscheid, Commentatio de stapula, S. 21—23.

[2] Smalian, Widerlegung des Leipziger Straßenzwangs, S. 106; Abhandlung von dem Stapelrecht der Stadt Magdeburg, S. 56; Mäuß, a. a. O. S. 146.

oder das Jus Emporii" in Minden vom Jahre 1627[3], in den Wahlkapitulationen der deutschen Kaiser im 17. und 18. Jahrhundert[4] und in der Literatur dieser Jahrhunderte. In der des 16. Jahrhunderts, d. h. in den Konsiliensammlungen kennt man sie dagegen nicht. Mynsinger[5] z. B. spricht von dem jus retinendi merces, aber nicht von der Niederlags- oder Stapelgerechtigkeit, und Werdenhagen[6] nennt 1633 das jus stapulae ein „vocabulum apud Juris Consultos veteres non adeo usitatum". Trotzdem Niederlags- und Stapelgerechtigkeit im 17. und 18. Jahrhundert üblichere Ausdrücke werden, bleiben übrigens dennoch neben ihnen Stapel und Niederlage allein auch noch gebräuchlich. Namentlich der Ausdruck „Niederlage" hält sich sehr lange.

Man findet nun vielfach in den Quellen, namentlich den späteren, so z. B. in Leipzig, Stapel und Niederlage nebeneinander genannt und hat daraus und aus anderen Umständen den Schluß ziehen wollen, daß Stapel und Niederlage überhaupt etwas verschiedenes gewesen sei[7]. Wie unten (V. Abschnitt) noch näher dargelegt werden wird, ist diese Ansicht irrig. Hier sei zum Gegenbeweise nur auf eine Stelle einer Quelle von 1518, in der Kaiser Maximilian der Stadt Hamburg mitteilt, daß er die Waren des Kurfürsten von Brandenburg und seiner Untertanen vom „Stappel oder Niederlage" in Hamburg befreit habe[8], und auf den Sprachgebrauch des 16., 17. und 18. Jahrhunderts hingewiesen, wie er z. B. in den Wahlkapitulationen und den Erlassen der brandenburgischen und sächsischen Kurfürsten zutage tritt. So heißt es z. B. in dem Rezeß betreffend das Commercium

---

[3] Noack, a. a. O. S. 4.

[4] Lünig, Reichsarchiv, Part. gen. Contin. I. 2. Forts., S. 154, 189; Zeumer, Quellensammlung z. Gesch. d. Reichsverfass., S. 413—14.

[5] Responsorum sive Consiliorum Decades decem, Basel 1580, Nr. 19, S. 155 ff.

[6] De rebus publicis Hanseaticis, III. Teil, S. 549.

[7] Vgl. z. B. Mittermaier, a. a. O. Bd. II, S. 849; Born, a. a. O. S. 29.

[8] Riedel, Cod. dipl. Br., II. Teil, Bd. 6. S. 291, Nr. 2483.

zwischen Berlin, Stettin und Frankfurt a. O. vom 8. Januar 1723 zuerst[9]: „Demnach Seine Kgl. Majestät ... Dero Vorsorge dahin gerichtet, wie ... auch die ... wegen der Niederlags-Gerechtigkeit ... schwebende Streitigkeit gehoben werden möchte ..."; und dann wird dort weiter gesagt: „ist denen Deputirten der Städte ... Vorstellung geschehen ad Interim und salvo Jure ihres Stapel-Rechts ..." Hier wird also Niederlagsrecht und Stapelrecht gleichbedeutend gebraucht. Dieser amtliche Sprachgebrauch gegenüber Rechten, die noch bestanden, wird doch wohl kaum so willkürlich gewesen sein, daß er im Gegensatz zu bestehenden Verhältnissen zwei verschiedene Ausdrücke als gleichbedeutend gebrauchte.

Dies sei jedoch an dieser Stelle nur kurz bemerkt. Erwähnenswert war die Tatsache dieses Irrtums hier nur, weil er wahrscheinlich seinen Grund darin hat, daß in älterer und auch noch neuerer Zeit sowohl der Ausdruck „Stapel" wie der Ausdruck „Niederlage" ein jeder zwei Bedeutungen gehabt hat[10]. In Verkennung dieses Umstandes nahm man nun die Verschiedenheit des Ausdrucks „Niederlage" dort, wo er nicht im Sinne von Stapelrecht gebraucht wurde, zum Ausgangspunkt für die Konstruktion eines besonderen, vom Stapelrecht abweichenden Niederlagsrechtes und leugnete dann die Identität von Stapel- und Niederlagsrecht.

Stapel und Niederlage haben in den Quellen nämlich bald die Bedeutung „Stapelrecht" (Niederlagsrecht), bald aber auch nur die Bedeutung „Ort zum Niederlegen von Waren". Jene Bedeutung hat Niederlage z. B. in den Urkunden, in denen den Städten Stettin, Frankfurt a. O. und Greifswald das Stapelrecht verliehen wird[11]. In dieser

---

[9] Mylius, Corpus Constitutionum Marchicarum, V. Hauptteil, 2. Bd., S. 62.

[10] Das ist schon von den älteren Schriftstellern zum Teil bemerkt worden, vgl. z. B. Born, a. a, O. S. 28; Haltaus, a. a. O., col. 1417 u. 1730.

[11] Stettin 1283: P. U.B., Bd. II, Nr. 1282; Frankfurt a. O. 1253: H. U.B., Bd. I, Nr. 459; Greifswald 1270: P. U.B, Bd. II, Nr. 921.

wird es z. B. 1515 in Wien in einer Urkunde gebraucht[12], in der gesagt wird, daß in Wien die fremden Kaufleute das Recht hätten, eine Niederlage zu haben; sodann findet man den Ausdruck in dieser Bedeutung in den niedersächsischen Städtechroniken[13]. Ferner heißt es z. B. in einer Urkunde für Enns vom Jahre 1358[14]: „Wir gepieten auch und wellen gar ernstlich, daß Ir zwischen Sundlwurg und Eblsperg khainer Niederlag mit khainer Khaufmannschaft weder auf wasser noch auf landt gestattet". Bei Mynsinger[15] wird endlich im Gegensatz zum privilegium retinendarum mercium (dem Stapelrecht) unter der „Niederlag" in Passau, die den Regensburgern zustand, ein Recht dieser, ihre Waren nach Bedarf in Passau niederzulegen, verstanden.

Ebenso wie Niederlage hat Stapel diese doppelte Bedeutung. Auch dieses Wort heißt einerseits „Stapelrecht", andererseits „Warenaufhäufung". Daneben hat es noch die besondere Bedeutung des hanseatischen Stapels, über die im III. Abschnitt näher gehandelt werden wird. Die erste Bedeutung hat es in kölnischen Quellen aus den Jahren 1419, 1443 und 1461[16], in den Dordtrechter Urkunden seit 1355[17] und in den Leipziger Privilegien[18]. Die zweite hat es z. B. in jener oft zitierten Urkunde vom Jahre 1251, in der anbefohlen wird, 'ut nullus stapel, nulla exoneratio mercium fiat inter Rodenburgh et Gandavum'[19]. Der hanseatische Stapel endlich ist gemeint in der Urkunde von 1388[20], in

---

[12] Lünig, Part. spec. Cont. IV, 2. Teil, S. 756 f., 765 f., 771 f.
[13] Hegel, Deutsche Städtechroniken, Braunschweig, Bd. II, S. 401, Z. 6, z. B.
[14] Kurz, Österreichs Handel, S. 61—62.
[15] Mynsinger, a. a. O., bes. S. 169.
[16] Stein, Akten zur Gesch. d. Verfass. u. Verwalt. der Stadt Köln, Bd. II, S. 303, 386, 563, 602, 614, 655; Gengler, C. j. m., S. 583 (stapell zo Coelne); Hegel, Städtechroniken, Köln, Bd. II, S. 116 f., 120.
[17] v. d. Wall, a. a. O., S. 235 ff.
[18] Lünig, Part. spec. Contin. IV, 2. Teil, S. 601; Emminghaus, Corp. jur. Germ., 2. Aufl., S. 120.
[19] H. U.B., Bd. I, Nr. 416.
[20] H. U.B., Bd. IV, Nr. 911.

der die Rede ist von der 'communis congregatio mercatorum, quae vulgariter dicitur stabil'.

Die ältere Bedeutung sowohl von Stapel wie von Niederlage ist unzweifelhaft „Warenaufhäufung", nicht Stapelrecht. Ja vielfach haben in älteren Zeiten Stapelrechte gar nicht die Bezeichnung „Stapel" oder „Niederlage". So findet sich das Wort „Stapel" in Köln schon um 1370 in der Bedeutung „Warenaufhäufung"[21], in holländischen Quellen schon 1251[19], während es in Köln, wo ein Stapelrecht etwa seit 1259 existiert hat[22], zuerst 1419, dann 1443, 1461 und 1486 „Stapelrecht" bedeutet[16], in Holland aber das seit 1299 in Dordtrecht bestehende Stapelrecht[23] erst seit 1355 diesen Namen trägt[17].

Auch für das Wort „Niederlage" kann man wohl ebenso wie für Stapel annehmen, daß es ursprünglich nur „Warenaufhäufung" und erst später „Stapelrecht" bedeutete. Auch hier haben wir übrigens ein Niederlags- oder Stapelrecht, das ursprünglich nicht mit dem terminus technicus „Niederlage" benannt ist, sondern diesen Namen erst später erhält[24]. Im Artikel 23 des Wiener Stadtrechts von 1221 wird nämlich der Stadt Wien das Stapel- oder Niederlagsrecht verliehen. Aber erst in der Handfeste vom 24. Juli 1281 heißt es: „Und wurden enein umb ein niderlege ..."

Was nun die zeitliche und örtliche Verbreitung der Worte „Stapel" und „Niederlage" anbetrifft, so ist „Stapel" ursprünglich nur in Westdeutschland gebräuchlich, während der in Ostdeutschland übliche terminus technicus „Niederlage" ist. Das Wort „Stapel" kommt schon in der Lex Ripuaria vor[25], so XXXV, 1 ad regis stafpolum, XXXIII,

---

[21] Keutgen, Urkunden z. städt. Verfassungsgesch., S. 321: Kaufhausordnung: „.. Vort so en sal geyn man geyn vom syne stapel oyver eyns anderen manns stapel, syne koufmannschaf zo oyverseyn..." und S. 327.
[22] H. U.B., Bd. I, Nr, 523.
[23] v. d. Wall, a. a. O. S. 100.
[24] Geschichtsquellen der Stadt Wien, I. Abt., Bd. I, S. 13 u. 65 ff.
[25] Monum. Germ. hist., Leges 5, S. 185 ff.

1 ad regis staffolo, id est ad regis tribunal, LXVII, 5 stafflo regis, LXXV ad regis stafflum. Es bedeutet dort das Königsgericht[26] und dann weiter auch wohl den Ort, wo dieses stattfand[27]. Die spätere Bedeutung von „Stapel" scheint nun davon vollkommen abzuweichen. Das ist aber nicht der Fall. Wenn man, was wohl zweifellos richtig ist, mit Grimm[27] und Kluge[28] annimmt, daß stafpolum und stapel mit Staffel zusammenhängt und es etymologisch von stap = gehen, Schritte machen herleitet, so ist stafpolum der gestaffelte Ort, der Ort, der sich in Staffeln erhebt, der Ort vor der Königspfalz oder Burg, wo das Königsgericht tagte, wo aber auch andere öffentliche Zusammenkünfte stattfanden, so die Märkte. Von diesen, auf die dann wohl die Bezeichnung stapel übertragen worden ist, hat dann die auf den Märkten beliebte Warenaufhäufung die Bezeichnung stapel erhalten, was sich ja auch noch im heute üblichen Ausdruck „aufstapeln" erkennen läßt[21]; von dieser Warenaufhäufung hat dann wieder das Recht, Fremde zur Warenaufhäufung zwecks Feilbietung ihrer Waren zwingen zu können, den Namen stapel erhalten.

Weist schon das Vorkommen von Stapel in der Lex Ripuaria darauf hin, daß es in der Rheingegend heimisch ist, so findet sich eine Bestätigung dafür auch darin, daß das Wort stapel bis zum Ende des 15. Jahrhunderts, abgesehen von zwei Ausnahmen, nur in rheinischen und holländischen Quellen vorkommt. In Holland kommt es seit der Mitte des 13.[19], in Köln seit der des 14.[21] Jahrhunderts vor. Welche Bedeutungen es hier hat, ist schon oben ausgeführt. Die beiden Ausnahmen sind England und das Ordensland Preußen. In England findet sich das Wort „stapel" seit dem 14. Jahrhundert[29]. Wahrscheinlich ist es

---

[26] Brunner, Deutsche Rechtsgeschichte, Bd. II, S. 134.
[27] Grimm, Deutsche Rechtsaltertümer, 4. Aufl., Bd. II, S. 426.
[28] Etym. Wörterbuch, 7. Aufl., Art. „Stapel" und „Staffel".
[29] Du Cange, S. 582; H. U.B., Bd. III, Nr. 571 (1353), Nr. 572 (1354).
[30] Koppmann, Hanserezesse, Bd. VIII, Nr. 954.

von Holland und Köln, die beide bekanntlich in dieser Periode sehr rege Handelsbeziehungen nach England hin unterhielten, übertragen worden. Auch in Preußen, wo sonst immer der terminus technicus nederlage, so in Thorn z. B., gebraucht wird, handelt es sich bei dem einmaligen Vorkommen des Ausdrucks stapel 1393 in Elbing[30] um Übertragung. Elbing und das Ordensland standen nämlich zu dieser Zeit im regsten Handelsverkehr mit Holland und England, besonders hinsichtlich des Getreideverkehrs[31].

Im übrigen Ostdeutschland finden wir den Ausdruck stapel erst seit dem Anfang des 16. Jahrhunderts, so z. B. 1507 bei der Verleihung des Stapelrechts an Leipzig[32]. Dann verbreitet er sich hier aber schnell. Er nimmt in den Wahlkapitulationen und der juristischen Literatur des 17. Jahrhunderts den ersten Platz ein. Allerdings schreibt noch 1603 die erzstiftische Regierung in Magdeburg, „man habe noch nicht erkennen können, was Stapelgerechtigkeit sei"[33]. Das ist aber nicht ein Beweis für die Nichtkenntnis des Ausdrucks, sondern die Regierung sträubt sich in ihrer Gegnerschaft zur Stadt Magdeburg, deren Ansprüche anzuerkennen.

Über die Etymologie des Wortes stapel gehen die Ansichten sehr auseinander[34].

Eine von vielen älteren Schriftstellern vertretene Ansicht geht dahin, daß stapel vom lateinischen stabulum (Stall, Ausspannung) komme. Gegen eine derartige Herleitung spricht besonders das Vorkommen von stafpolum in der Lex Ripuaria, eines Wortes, dessen an allen Stellen voneinander abweichende Schreibart und dessen erläuternder Zusatz 'id

---

[31] Lindner, Deutsche Hanse, 2. Aufl., S. 133; Schäfer, Hanse, S. 80.
[32] Emminghaus, a. a. O. S. 120: „Stapel mit großer und kleiner Wahr."
[33] Mäuß, a. a. O. S. 150.
[34] Vgl. die Literaturzitate bei Zepper, a. a. O. S. 118; Pfeffinger, a. a. O. S. 201; Jargow, Einleitung z. d. Lehre v. d. Regalien, S. 288; Marquard, de jure Mercatorum, S. 236.

est tribunal' gerade auf seinen deutschen Ursprung hinweisen, und das, wenn es Stall heißen sollte, an dieser Stelle gar keinen Sinn hätte. Sodann beachtet diese Ansicht nicht, daß Stapel nur die niederdeutsche Form des oberdeutschen Staffel ist. Daß aber Staffel mit stabulum zusammenhängen sollte, wäre ganz unwahrscheinlich.

Nach anderen älteren Schriftstellern[34] soll stapel vom französischen étape (estappe) herkommen. Das Umgekehrte ist wohl das richtige. Nicht stapel kommt von étape, sondern étape von Stapel her[35].

Richtig ist demnach allein die von Kluge und schon einer ganzen Reihe von älteren Schriftstellern gegebene etymologische Erklärung[36]. Nach ihr ist stapel ein niederdeutsches Wort, dem das hochdeutsche Staffel entspricht: „Die Begriffsentwicklung der Sippe „Staffel" verläuft in den „Bedeutungen „Stütze" (angls. stapol), „Grundlage" (ahd. „staffol"), „Gestell", „Haufen", „aufgehäufte Waren"." „Das „mittelhochdeutsche Staffel (stâffel, meist stapfel) hat die „Bedeutung von „Stufe", „Grad". Ahd. stäffal (stapfal); „staffala ist gleich „Grundlage", „Fundament", „Schritt" „und ist abzuleiten von der germanischen Wurzel stap „„gehen"."

Abgelehnt muß noch die Zusammenstellung werden, die Nübling und im Anschluß an ihn Stieda geben[37], indem sie erklären, daß „Gret" (gradus) dasselbe wie Staffel und Gretrecht dasselbe wie Stapelrecht sei. „Grete" sind die Kaufhäuser in Süddeutschland. „Gret" bedeutet nun zweifellos ursprünglich dasselbe wie Staffel und in Fortentwicklung den Ort, wo Waren aufgehäuft werden, was ja auch Stapel bedeutet. Aber nirgends ist in den Quellen ein Anhalt

---

[35] Kluge, a. a. O.; Diez, a. a. O. S. 579.

[36] Heinholdt, Vorzugsrechte der Stapelgerechtigkeit Leipzigs, S. 10; Kühlewein, Jus stapulae, S. 11; Loccenius, de jure maritimo, S. 952; Schottelius, Kurtzer Traktat von unterschiedlichen Rechten, S. 459, u. a.

[37] Nübling, a. a. O. S. 1 ff., bes. S. 3, Stieda im Handwörterbuch, Bd. VI, S. 993.

dafür zu finden, daß ein dem Stapelrecht entsprechendes Recht den Namen „Gretrecht" getragen hat, oder daß das Stapelrecht in einem Zusammenhange mit den „Greten", d. h. den Kaufhäusern gestanden hat. Das Gretrecht ist vielmehr anscheinend die Erfindung einer Zeit, die aus dem bestehenden Kaufhauszwang sich ein Stapelrecht schaffen wollte. Quellenbelege für derartige Gretrechte konnten nicht ermittelt werden. Unter diesen Umständen kann die Erklärung von „Stapel" nicht auf dem Wege über „Gret" versucht werden.

Das Wort „Niederlage" findet sich mit Ausnahme der Rheingegend in ganz Deutschland, besonders im Osten. Es kommt in den verschiedensten Schreibarten und dialektischen Bildungen vor, z. B. in den Formen nyderlage, nedderlage, niderlage, niederlage, nedderlinghe[38]. Seine Bedeutung ist schon oben erörtert worden. Seine Etymologie bedarf keiner näheren Besprechung.

Die lateinischen Bezeichnungen der Quellen für Stapel und Niederlage sind stapula, stapella (dieses aber nur in England), depositio mercium, exoneratio und expositio[39]; die französischen estaple und staple[40].

Das Wort „Einlagerecht", das Mittermaier und Stieda als gleichbedeutend mit „Niederlagsrecht" anführen, ist weder in west- noch in ostdeutschen Quellen zu ermitteln gewesen, hat sich auch sonst nicht bei anderen Schriftstellern, namentlich nicht bei den älteren, vorgefunden. Auch das Grimmsche Wörterbuch kennt es nicht. Ebensowenig sind für den Ausdruck „Ventrecht", der in Köln das Wort

---

[38] H. U.B., Bd. I, Nr. 459, 740, Bd. II, Nr. 104; Riedel, C. d. Br., I. Teil, Bd. 18. S. 370, Bd. 23. S. 1; Cod. dipl. Saxon. reg., II. Teil, Bd. 5, S. 5—6, 7; P. U.B., Bd. II, Nr. 921, usw.

[39] H. U.B., Bd. I, Nr. 459, 740; Riedel, C. d. Br., I. Teil, Bd. 18, S. 370; Cod. dipl. Sax. reg., II. Teil. Bd. 5, S. 5—6; Gengler, C. j. m., S. 424, usw.

[40] H. U.B., Bd. II, Nr. 401 (... vendra à son droit staple und que lon ne tienge a l'Ecluse nul estaple de draps).

„Stapel" bisweilen vertreten haben soll[41], Quellenbelege zu finden. Über den Ausdruck „Gretrecht" ist schon oben gehandelt worden.

Der Ausdruck 'Jus emporii' endlich ist eine Bildung, die erst in der Literatur aufgekommen ist[42].

---

[41] Hippel, Königsbergisches Stapelrecht, S. 9; Stieda im Handwörterbuch, Bd. VI, S. 992 gibt übrigens den Ausdruck „Venthewaren" als für im Gebiete der Hanse frei verkäufliche Waren gebräuchlich an.

[42] Gebraucht wird jus emporii schon bei Mynsinger, a. a. O. S. 169, bedeutet hier aber nicht Stapelrecht, sondern das Recht fremder Kaufleute, in einer Stadt ihre Niederlage zu haben. Jus emporii als Ausdruck für Stapelrecht kommt vor z. B. 1627 in Minden. Noack, a. a. O. S. 4.

Dritter Abschnitt.
Die Verleihung des Stapelrechts.

Die Frage, wer das Stapelrecht zu verleihen hatte, hat für die Zeit seit 1636 (Wahlkapitulation Ferdinands III.) eine richtige Behandlung schon in der älteren juristischen Literatur gefunden[1]. Nicht dagegen ist die Frage der Verleihung für die älteren Zeiten hinreichend untersucht.

Bei der Untersuchung der Frage der Verleihung sind vier Zeitabschnitte zu unterscheiden:

1. Die Entstehungszeit (bis etwa 1250);
2. die Zeit von 1250 bis 1500;
3. die Zeit von 1500 bis 1636 und
4. endlich die Zeit von 1636 bis zur Auflösung des alten deutschen Reichs.

Die Quellen der frühesten Zeit zeigen, daß die ältesten Stapelrechte am Rhein und an der Elbe durch gewohnheitsmäßige Ausdehnung älterer kaiserlicher und fürstlicher Privilegien enstanden sind. Die Privilegien, von denen das Gewohnheitsrecht seinen Ausgang genommen hat, sind für uns nur schwer zu erkennen. Für Köln kommt wohl die Urkunde des Erzbischofs Adolf I. vom 13. Februar 1203 und für Stade die Urkunden Konrads des Saliers und Friedrichs I.

---

[1] Vgl. z. B. Born, a. a. O. S. 24; Zepper, a. a. O. S. 119 ff.; Pfeffinger, a. a. O. S. 202; Leuber, Disquisitio planaria, n. 18 u. 245; Besold, Thesaurus practicus, S. 889, 1129; Fritsch, Opuscula varia, S. 31; Cellarius, Kurtze historische Nachricht v. d. Stapelrecht der alten Stadt Magdeburg, S. 21; Mevius, Jus Lubecense, S. 640: Jargow, a. a. O. S. 288 ff.; Heinholdt, a. a. O. S. 7; Kühlewein, Jus stapulae, S. 25, u. a.

vom 10. Dezember 1038 und 7. Mai 1189 in Betracht[2]. Die beiden kaiserlichen Privilegien, auf die man sich vielfach als Zeugnisse für die Existenz des Stapelrechts schon im Anfange des 12. Jahrhunderts beruft, und die auch bisweilen als Beweis angeführt werden für die Ansicht, daß in der ältesten Zeit die Stapelrechte nur durch kaiserliche Verleihung entstanden, nämlich die Privilegien Speyers und Bremens vom Jahre 1111[3], enthalten, wie unten im IV. Abschnitt näher dargelegt werden wird, gar nichts vom Stapelrecht und sind daher weder für die Entstehungsgeschichte des Stapelrechts noch für die Frage seiner Verleihung zu verwerten. Neben den schon erwähnten gewohnheitsrechtlichen Entwickelungen finden sich jedoch in der Entstehungszeit auch landesherrliche Verleihungen; so wird Münden 1246 durch Herzog Otto von Braunschweig[4] und Wien 1221 im Artikel 23 des Stadtrechts durch Herzog Leopold VI. von Österreich[5] das Stapelrecht verliehen. Auch die Urkunde über das Kölnische Stapelrecht von 1259, die Bestätigung der gewohnheitsrechtlichen Bildung in Köln, ist eine landesherrliche Urkunde[6]. In Wien ist dann allerdings das Stadtrecht, das die Stapelrechtsbestimmung mitenthielt, 1237 und 1247 durch kaiserliche Privilegien bestätigt worden[7]. Daraus kann man jedoch keinen Schluß auf die Üblichkeit kaiserlicher Verleihung oder Bestätigung ziehen. Denn bestätigt wurde vom Kaiser 1237 und 1247 das Stadtrecht als Ganzes; das Stapelrecht aber nur zufällig, weil es einen Teil dieses Ganzen bildete.

---

[2] Köln: H. U.B., Bd. 1, Nr. 61; Stade: H. U.B., Bd. I, Nr. 36; Soetbeer, Stader Elbzoll, S. 8, 13—14; näheres unten im IV. Abschnitt.

[3]) Das Speyersche Privileg ist abgedruckt bei Hilgard, Quellen zur Geschichte der Stadt Speyer, Bd. I, S. 17, und bei Keutgen, Urkunden zur städtischen Verfassungsgeschichte, S. 14; das Bremer bei Emminghaus, a. a. O. S. 19—20. Letzteres ist übrigens anerkanntermaßen eine Fälschung.

[4] Haltaus, a. a. O., col. 1417.

[5] Geschichtsquellen der Stadt Wien, I. Abt., Bd. I, S. 8 ff.

[6] H. U.B., Bd. I, Nr. 523; näheres über sie im IV. Abschnitt.

[7] Geschichtsquellen der Stadt Wien, I. Abt., Bd. I, S. 31.

In der Entstehungszeit haben wir also nur gewohnheitsrechtliche Bildung und landesherrliche Verleihung des Stapelrechts.

Die sich auf den Sachsenspiegel (II, 26, § 4) stützende, bisweilen in der älteren Literatur vertretene Ansicht, daß auch im Mittelalter dem König die Stapelrechtsverleihung vorbehalten gewesen sein müsse, ist demnach durch die Tatsachen widerlegt. Daß es aber gerade die Landesherrn waren, die die Stapelrechte in der ersten (und dann auch noch in der zweiten) Periode verliehen, ist nur natürlich. Einmal ist das Stapelrecht ein lokalen Bedürfnissen dienendes Recht, das ursprünglich für die Zentralgewalt ohne Interesse war. Sodann fällt seine Entstehung und erste Entwickelung in die erste Hälfte des 13. Jahrhunderts, d. h. in eine Zeit stark geschwächter kaiserlicher Macht. Endlich lag die Städtegründung in dieser Zeit fast ausschließlich in den Händen der Landesherrn, besonders in Ostdeutschland. Zudem haben wir gerade aus der ersten Zeit viele urkundliche Belege aus Markgrafschaften. In ihnen aber war die Stellung der Landesherrn infolge der ihnen als Markgrafen zustehenden weitgehenden Befugnisse eine unabhängigere als im sonstigen Reiche. Kein Wunder daher, daß sie, nicht die Könige, das Stapelrecht verliehen. Andere Verleihungen der ersten und des Anfangs der zweiten Periode fallen ferner auf die slawischen Länder, wie Pommern und Schlesien, die nur in einem losen Zusammenhange mit dem Reiche standen. Auch bei ihnen ist es nur erklärlich, daß die Verleihungen nicht vom Kaiser ausgingen.

In der Zeit von 1250 bis 1500 werden die meisten Stapelrechte von den Landesherren verliehen. Daneben entstehen auch jetzt noch einige durch gewohnheitsmäßige Anmaßung und Übung. Solche gewohnheitsrechtliche Entstehung haben wir in Hamburg[8], Bremen[9] und Magdeburg[10], also Städten,

---

[8] Naudé. a. a. O. S. 39; H. U.B., Bd. VIII, Nr. 974.

[9] H. U.B., Bd. III, Nr. 184, Bd. IV, Nr. 527; Gengler, C. j. m., S. 316; Stieda, a. a. O. S. 997.

[10] Anderer Ansicht ist Schmoller, Studien, S. 1025. Er hält das 1309 im Vergleich zwischen dem Erzbischof und der Stadt Magde-

die entweder keinen Landesherrn hatten oder ihn nicht anerkannten oder aber mit ihm in ständigem Streit lebten. Die fast unabhängigen livländischen Städte, besonders Riga, bemühten sich ebenfalls in der zweiten Hälfte des 14. Jahrhunderts, sich selbständig Stapelrechte zu verschaffen [11]. Für diese selbständig dastehenden Städte ist also zweifellos richtig, was Naudé [12] sagt, daß in der Regel den privilegierten Stapelrechten angemaßte vorausgehen; für Territorien mit etwas strafferer Zentralgewalt stimmt das aber nicht. In ihnen sind vielmehr die landesherrlichen Verleihungen die Regel, so in Sachsen, Brandenburg, Schlesien, Pommern, Hessen, Rheinland, Westfalen und Österreich. In Sachsen werden die Stapelrechte von den Landesherren verliehen, z. B. an Pirna, Dresden, Freiberg [13], in Brandenburg an Neustadt-Brandenburg, Berlin-Köln, Frankfurt a. O., Landsberg, Eberswalde, Oderberg [14], in Schlesien an Breslau [15], in Pommern an Stettin, Greifswald, Treptow a. d. Rega, Belgard [16], in Hessen an Kassel [17], in den Rheinlanden an Koblenz [18] usw. In einem Magdeburger Schöffenspruch von 1462 ist sogar die prinzipielle Anerkennung des Rechtes der Landesherrn, Stapelrechte zu verleihen, zu finden [19]. Dieser Schöffenspruch ist auf eine Anfrage des Rats der Stadt Pirna ergangen, die sich in ihren Rechten beeinträchtigt fühlte, weil Kurfürst Friedrich II. von Sachsen Dresden das Niederlagsrecht und das Recht, Ungeld zu erheben, verliehen

---

burg erwähnte Kornschiffungsrecht für ein Stapelrecht. Die von uns vertretene, gegenteilige Ansicht wird im IV. Abschnitt begründet werden.
[11] Daenell, Gesch. d. Hanse, S. 177; H. U.B., Bd. V, Nr. 726.
[12] A. a. O. S. 40.
[13] Cod. dipl. Sax. reg., II. Teil, Bd. 5, Nr. 275, Nr. 15, 337, Bd. 12, Nr. 66.
[14] Riedel, a. a. O., I. Hauptteil, Bd. 9, S. 242, Bd. 12, S. 1, Bd. 23, S. 1, Bd. 18, S. 370, Bd. 12, S. 288; Berliner Stadtbuch, S. 46—47.
[15] Gengler, a. a. O. S. 357.
[16] P. U.B., Bd. II, Nr. 1282, Nr. 921, Bd. IV, Nr. 2080, Nr. 2350.
[17] Gengler, a. a. O. S. 469.
[18] Gengler, a. a. O. S. 506.
[19] Cod. dipl. Sax. reg., II. Teil, Bd. 5, S. 438—39.

hatte. Die Magdeburger Schöffen beantworteten diese Anfrage dahin: „... hat ... uwer gnediger herr von Sachsen der stad Dresden neben uch zcwu myle wegis gelegen ... auch eyne nedirlage gegeben, das hatte er durch recht wol czu thunde".

Neben den landesherrlichen Verleihungen finden sich kaiserliche nicht. Nur kaiserliche Bestätigungen kommen einige vor, so in Köln, in Kassel und in Hamburg[20]. Wo Neuverleihungen vom Kaiser in dieser Periode vorgenommen wurden, handelt es sich um Städte, deren Landesherr der Kaiser ist, so z. B. in Österreich zur Zeit der habsburgischen Kaiser.

In der Zeit von 1500 bis 1636 handelt es sich nur noch in wenigen Fällen um Neuverleihungen, so z. B. 1507 in Leipzig[21], meist nur um Bestätigungen älterer privilegierter oder gewohnheitsrechtlich entwickelter Stapelrechte, z. B. der Kölns (1505, 1621), Bremens (1554), Hamburgs (1621), Leipzigs (1521). Die kaiserliche Verleihung oder Bestätigung allein ist überall an die Stelle der landesherrlichen getreten, wohl als Folge der auf die Reformierung des Reichs gerichteten Bestrebungen zur Zeit Maximilians I. Bestätigen die Landesherrn Stapelrechte, wie bei den Frankfurt-Breslauer Vergleichen 1490—1510[22], so suchen sie außerdem noch eine kaiserliche Bestätigung hierfür zu erlangen. Wo nach 1500, wie 1666 in Magdeburg, ein Landesherr das Stapelrecht ohne kaiserliche Zustimmung bestätigt[23], handelt es sich um etwas ganz anderes. Es handelt sich nämlich hier um eine Anerkennung des bestehenden Stapelrechts durch den neuen, von der Stadt Besitz ergreifenden Landesherrn. Als Kuriosum aus dieser Zeit sei erwähnt, daß Leipzig sich sogar eine päpstliche Bestätigung seines Stapelrechts verschafft hat[24].

---

[20] Köln 1349: Lünig, Part. spec. Cont. IV, Bd. I, S. 344; Kassel 1336: Gengler, a. a. O. S. 469; Hamburg 1482: Lünig, a. a. O. S. 956 f.
[21] Lünig, Part. sp. Cont. IV, Bd. II, S. 601.
[22] Rauprich, a. a. O. § 1, Anm. 8; Lünig, a. a. O. Bd. 2, S. 321.
[23] Mäuß, a. a. O. S. 156; Cellarius, a. a. O. S. 125.
[24] Lünig, a. a. O. Bd. II, S. 604; Leuber, a. a. O. n. 1665.

Bis 1636 verleiht und bestätigt der Kaiser allein das Stapelrecht. Die Verleihung ist also Reservatrecht, und zwar in der Sprache der alten Publizisten jus Caesareum reservatum illimitatum [25].

Seit 1636 wird in die Wahlkapitulationen ein Passus aufgenommen [26], daß neue Stapelrechtsverleihungen nur mit Zustimmmung der Kurfürsten vorgenommen werden sollen, und daß die ohne deren Zustimmung verliehenen null und nichtig sein sollen. Das Verleihungsrecht ist jetzt also jus Caesareum reservatum limitatum. Neuverleihungen sind übrigens seit 1636 nicht mehr vorgekommen: auch die Bestätigungen sind seltener geworden.

Am Ende dieser historischen Übersicht können wir zusammenfassend sagen: Bis 1250 entstehen die Stapelrechte entweder durch gewohnheitsrechtliche Umbildung anderer Rechte und durch landesherrliche Verleihungen; von 1250 bis 1500 hauptsächlich durch landesherrliche Verleihungen, daneben auch durch gewohnheitsmäßige Ausübung; von 1500 an entstehen die wenigen neuen Stapelrechte durch kaiserliche Verleihung, die Bestätigung der alten erfolgt ebenfalls durch den Kaiser; seit 1636 ist zu beiden Akten Zustimmung der Kurfürsten erforderlich.

Nachdem so festgestellt ist, wer der Verleiher des Stapelrechts gewesen ist, ist als zweite Frage noch zu beantworten, wer der Beliehene war.

Verliehen wurde es im allgemeinen nur Städten in ihrer Eigenschaft als Korporation. So heißt es z. B. in der Ver-

---

[25] Zepper, a. a. O. S. 119; Born, a. a. O. S. 24; Pfeffinger, a. a. O. S. 202.

[26] Zuerst enthalten in der Ferdinands III. von 1636 (Art. 20): Lünig, Part. gen. Contin. I, zweite Forts., S. 154 ... „so sollen alle und jede ohne ordentliche Verwilligung des Churfürstlichen Collegii also ausgebrachte Concessiones ... null und nichtig sein ..."; vgl. ferner die Ferdinands IV. (1653), Art. 19, a. a. O. S. 189; die Leopolds I. (1658), Josephs I. (1690), a. a. O. S. 791 ff., 810 ff., Franz' II (1792), Emminghaus, Corp. j. Germ., S. 596 ff.; den Entwurf einer immerwährenden Wahlkapitulation (1711) Zeumer, a. a. O. S. 413—14.

leihungsurkunde der Stadt Neu-Landsberg[27]: „der ganzen stat tzu Newen-Landesbergk" und in der für Greifswald[28]: „consulibus nec non universitati burgensium et ipsi civitati nostre Grifeswalde".

Einzelne Urkunden späterer Zeit sprechen nun anscheinend von Verleihung und Bestätigung des Stapelrechts eines Fürsten. So wird 1495 in Mainz das Stapelrecht „dem Kurfürsten, seinen Nachkommen und dem Stift" vom Kaiser bestätigt[29]. Das scheint jedoch nur so. Die Urkunde will weiter nichts besagen, als daß aus günstiger Gesinnung für den Kurfürsten das Stapelrecht der Stadt Mainz bestätigt wird. Denn weder vor noch nach 1495 ist es in Mainz jemals zweifelhaft gewesen, daß das Stapelrecht der Stadt Mainz zustand[30]. Eine zweite scheinbare Ausnahme bildet die Verleihung des Magdeburger Stapelrechts 1547 an den Brandenburger Kurfürsten[31]. 1547 fiel Magdeburg in die Reichsacht. Die ihm zustehenden Rechte wurden ihm genommen und an andere verliehen, so das Stapelrecht an den Kurfürsten von Brandenburg. Aber auch hier handelt es sich nicht um Verleihung an einen Fürsten. Denn es wird dem Kurfürsten das Recht verliehen, das Stapelrecht einer seiner Städte, entweder Stendal oder Tangermünde oder Brandenburg zu geben. Es handelt sich hier also um eine Delegation des Stapelverleihungsrechts an einen Fürsten, nicht aber um Verleihung eines Stapelrechts an einen solchen.

Handelt es sich in diesen beiden Fällen nur um scheinbare Ausnahmen von dem Prinzip der Verleihung des Stapelrechts an Städte, so gibt es doch auch eine wirkliche Ausnahme, nämlich die Verleihung des Stapelrechts an das Hansische Kontor zu Brügge[32], also an eine genossenschaft-

---

[27] Riedel, a. a. O. I Hauptteil, Bd. 18, S. 414.
[28] P. U.B. Bd. II, Nr. 921.
[29] Ockhardt, Gesetzgebung des Rheins, S. 236.
[30] Eckert, Mainzer Schiffergewerbe zeigt dies deutlich.
[31] Mylius a. a. O. VI. Teil, Bd. I, S. 71.
[32] Rogge, Stapelzwang des hansischen Kontors zu Brügge, S. 7 ff.; Daenell, Hanse, S. 11, 22, 27, 28; Rijswijk Geschiedenis van het Dordtsche Stapelrecht, S. 7.

lich organisierte Mehrheit von Personen. Den Hanseaten war 1304 vom Grafen von Flandern eingeräumt worden, daß „zi houden zullen haren stapel iu de vorseide steide" (Brügge)[33]. Dieses Stapelrecht bestand unabhängig von dem der Stadt Brügge daneben zustehenden Stapelrecht[34] und war an ihre Person, nicht an die Stadt Brügge geheftet. Wollten die Hanseaten gegen Brügge einen Zwang ausüben, so drohten sie nach Dordtrecht auszuwandern und ihren Stapel zu verlegen. Kraft dieses Stapelrechts waren alle hanseatischen Kaufleute gezwungen, mit ihren Waren nach Brügge zu kommen; es hat also die Eigentümlichkeit gegenüber dem gewöhnlichen Stapelrecht, daß dem Stapelzwange nicht Fremde unterworfen sind, sondern gerade die berechtigten Genossen. Es handelt sich also bei ihm um eine Bindung der Genossen durch den Gesamtwillen. So schreibt denn auch 1442 der Rat von Lübeck den Räten von Hamburg und Lüneburg[35] „dat de stede nu . . .willen ordineeren unde besluten umme beholdinge und bestendicheyt unser privilegien unde vryheyt ymme lande van Vlandern . . .dat man . . . nach alder wanheyt alle lakene schole bringhen to Brugghe tom stapel", und in den Hanserecessen[36] heißt es: „dat de stapel to Brucge mit den lakenen nach older loveliken wonheit nicht wert geholden", und „dat men alle stapelgudere na deme olden vore unde holde tome stapel bringhe . ." In der Ordonnanz von 1399[37] wird bestimmt, „dat gheen coepmann van der Duetschen Hanze sal guet slaen tor Sluus upt land", damit der Stapel zu Brügge

---

[33] H. U.B. Bd. II, Nr. 154, 155, 160, 336. Daß es sich hier um ein Recht, nicht etwa um eine Pflicht der Hanseaten handelt, zeigt deutlich der Umstand, daß in diesen Quellen der hanseatische Stapel immer als „vriheide" bezeichnet wird.

[34] H. U.B. Bd. II, Nr. 401 (1323): „que toute maniere davoir venant dedanz le Zwijn . . vendra a son droit staple a Bruges (ein ausdrücklich der Stadt Brügge verliehenes Privileg).

[35] Cod. dipl. Lubecensis, Bd. VIII, S. 102.

[36] v. d. Ropp, Hanserecesse, Bd. III, n. 288 § 5, Bd. V, n. 87, n. 717.

[37] H. U.B. Bd. V, Nr. 379.

nicht verletzt wird. Demnach stellt sich der Stapelzwang der Hanseaten zwar nicht als ein Recht der Stadt Brügge, sondern der Hanseaten selbst, aber als ein von dem gewöhnlichen Stapelrecht insofern abweichendes Stapelrecht dar, als Stapelberechtigte und Stapelverpflichtete dieselben Personen sind. In einem übertragenen Sinne wurde daher denn auch die Gesamtheit dieser Personen, die „communis congregatio mercatorum" zu Brügge stapel genannt[38].

---

[38] H. U.B. Bd. IV, Nr. 911; vergl. oben II. Abschnitt, Anm. 20.

Vierter Abschnitt.
Die Entstehung des Stapelrechts.

Bei der Frage der Verleihung des Stapelrechts haben wir die Entstehungszeit bis etwa 1250 gerechnet. Diese Zeitabgrenzung ist selbstverständlich nur unter Einschränkungen richtig. Denn wir haben schon vor 1250 einige voll entwickelte Stapelrechte, so 1221 in Wien und 1246 in Münden [1]. Aber trotzdem muß man 1250 als Grenze für die Entstehungszeit annehmen, weil erst nach 1250 ein feststehender Begriff des Stapelrechts besteht und die ersten Stapelrechte in Wien und Münden nur verfrühte Ausnahmen sind. Die historische Entwickelung vollzieht sich eben nicht überall gleichmäßig, und die Grenzen zwischen den einzelnen Abschnitten der Entwickelung eines Rechts werden daher immer mehr oder weniger flüssig sein.

Aus diesem Grunde können und müssen wir bei der Untersuchung der Entstehung des Stapelrechts auch viele Vorgänge in Betracht ziehen, die nach 1250 fallen. Wir werden daher zur Erklärung der Entstehung des Stapelrechts auch die Entstehungsgeschichte von Stapelrechten heranziehen, die erst nach 1250 entstanden sind, weil sie uns wichtige Aufschlüsse geben kann, so die des Dordtrechter, des Stettiner und des Magdeburger Stapelrechts. Dies um so mehr, weil das Quellenmaterial für die Entstehungsgeschichte des Stapelrechts sehr spärlich ist. Dieses liegt nämlich nur für einige Orte vor, so für Wien, Köln, Stade, Dordtrecht, Stettin und Magdeburg. Unter diesen Um-

---

[1] Wien: Geschichtsquellen d. St. Wien, I. Abt., Bd. I, S. 13; Münden: Haltaus, a. a. O. col. 1417.

ständen ist ein klares Bild der Entstehung des Stapelrechts überhaupt kaum zu gewinnen gewesen. Dennoch soll versucht werden, wenigstens die allgemeinen Umrisse der Entstehung festzulegen. Selbstverständlich kann es sich dabei nur um ein mehr oder minder sicheres Mutmaßen handeln.

Vor der Untersuchung dieses erwähnten Quellenmaterials sei jedoch noch kurz unsere Ansicht über die Entstehung des Stapelrechts dargelegt und seien die unserer Meinung nach irrigen Ansichten über sie widerlegt.

Wir sind der Ansicht, daß das Stapel- oder Niederlagsrecht frühestens um die Wende des 13. Jahrhunderts entstanden ist, daß es jedenfalls noch nicht im 12. Jahrhundert oder gar schon in der Karolingerzeit Stapelrechte gegeben hat, und daß die Entwickelung des Stapelrechts zu einem allgemein üblichen und bekannten, begrifflich durchgebildeten Recht nicht vor dem Ende des 13. Jahrhunderts vollendet ist[2]. Wir weisen also einmal die Ansicht zurück, die einen Zusammenhang mit antiken Verhältnissen annimmt, sodann die, die das Jahr 805 als Entstehungszeit des Stapelrechts ansetzt, ferner die, die schon im 10. Jahrhundert voll ausgebildete Stapelrechte findet, ferner die Ansicht Stiedas, daß im 11. und 12. Jahrhundert viele Städte Stapelrecht erstrebten[3], und endlich die Roschers, der von einem

---

[2] Literatur über diese Frage: Gemeiner, Reichsstadt Regensburgische Chronik, Bd. I, S. 62; Kloeden, Stellung des Kaufmanns, S. 1; Rauprich, Breslaus Handelslage, Z.-Schr. f. d. Gesch. Schlesiens, Bd. 26, S. 3; Mittermaier, a. a. O. Bd. II, S. 848; Nübling, a. a. O. S. XI; Ockhart, a. a. O. S. 89, 105, 234; Born, a. a. O. S. 10; Abhandlung v. d. Stapelrecht d. alten Stadt Magdeburg, S. 8; Mäuß; a. a. O. S. 131; Hagedorn, Verfassungsgeschichte der Stadt Magdeburg, Gesch.-Blätter f. St. u. L. Magdeb., Bd. 16, S. 380; Quetsch, Verkehrswesen des Mittelrheins, S. 283; Pfeffinger, a. a. O. S. 204; Roscher-Stieda, a. a. O. S. 149; Jargow, a. a. O. S. 289, Anm. a; Lehmann, Speyer. Chronik, S. 350 ff.; Nitzsch, Niederdeutsche Verkehrseinrichtungen, Z. f. R.-Gesch., 15. Jahrgang, S. 22; Smalian, a. a. O. S. 27; Schottelius, Kurtzer Traktat, S. 467; u. a.

[3] Hdwb., Bd. VI, S. 994.

Verbot der Anlegung neuer Stapelplätze im Jahre 1232 spricht[4].

Bei den antiken Verhältnissen[5], die man als Stapelrechte anspricht, handelt es sich keineswegs um Erscheinungen, die sich als solche darstellen. Es sind vielmehr Bestimmungen, die monopolisierend auf den Handel einwirken sollten, so die Bestimmung in Karthago, daß alle zur Ausfuhr bestimmten Waren nach Karthago gebracht werden mußten, und die ähnliche Bestimmung in Athen. Sie gleichen dem englischen Stapel, der auch der Regelung der Ausfuhr diente, nicht aber dem deutschen Stapelrecht. Denn sie sind weder wie dieses subjektive Berechtigungen von Personen des öffentlichen Rechts, die nicht mit dem Staate identisch sind, noch auch ferner der Ausfluß eines allgemeinen Rechtsinstituts. Und endlich sind sie weder das Vorbild für die Schaffung der deutschen Stapelrechte gewesen noch hat sich dieses in geschichtlicher Kontinuität aus ihnen entwickelt.

Ebensowenig wie die antike Welt hat die Karolingerzeit das Stapelrecht gekannt oder geschaffen[6]. Dies zeigt eine Betrachtung der beiden für diese Ansicht angeführten Quellen, des Kapitels 7 des Capitulare von 805 „De negotiatioribus, qui partibus Slavorum"[7] und der Raffelstädter Zollrolle von 903[8].

Kapitel 7 des Capitulare von 805 lautet:

„De negotiatioribus qui partibus Sclavorum et Avarorum pergunt, quousque procederae cum suis negotiis debeant, id est partibus Saxoniae usque Bardaenowic, ubi praevidet

---

[4] Roscher-Stied, a. a. a. O. S. 149.

[5] Roscher-Stieda, a. a. O. S. 151—2; vergl. ferner die ältere juristische Literatur.

[6] So z. B. Jargow, a. a. O. S. 289; Schottelius, a. a. O. S. 467; Smalian a. a. O. S. 27. A. M. Luschin von Ebengreuth in d. Geschichte Wiens, Bd. I, S. 401; Hagedorn, a. a. O. S. 380; Abhandlung v. d. Stapelrecht der alten Stadt Magdeb., S. 9; Hoffmann, Geschichte der St. Magdeb., Bd. I, S. 297; u. a.

[7] Monum. Germ. histor., Leg. Sect. II, Bd. I, S. 133.

[8] Mon. Germ. hist., Leg. Sect. II, Bd. II, S. 249 ff.

Hredi; et ad Schezla, ubi Madalgandus praevideat, et ad Magadoburg praevideat Aito. Et ad Erpesfurt praevideat Madalgandus, et ad Halazstat praevideat item Madalgandus. Ad Forachheim et ad Breemberga et ad Ragenisburg praevideat Andulfus et ad Lauriacum Warnarius. Et ut arma et brunias non ducant ad venumdandum. Quod si inventi fuerint portantes, ut omnis substantia eorum auferatur ab eis, dimidia quidem pars partibus palatii, alia vero medietas inter missum et inventorem dividatur."

Der Inhalt und Zweck dieser Bestimmungen ist folgender: Die Kaufleute des fränkischen Reichs sollen sich auf ihrer Reise in das slavische Gebiet nur von den im Capilare genannten Orten aus in das Slavenland begeben. Ferner sind Waffenlieferungen in das feindliche Land verboten, Von einer Privilegierung der Orte, die im Capitulare genannt werden, ist nicht die Rede. Weder wird in ihrem Interesse das erwähnte Gebot erlassen noch wird ihnen irgend ein Recht gegeben. Sie sind nur als Kontrollstellen auserwählt, weil sie hierzu geeignet sind. Dies zeigt die ausdrückliche Benennung der Beamten, die an den einzelnen Orten die Aufsicht führen sollen. Von einer Privilegierung ist demnach auf keinen Fall die Rede.

Man hat nun die Ansicht, daß aus den Bestimmungen des Capitulare heraus sich das Stapelrecht entwickelt habe, damit begründet, daß durch sie die Kaufleute gezwungen worden seien, an den bestimmten Orten ihren Markt abzuhalten, und daß dadurch diese Städte allmählich Stapelrechte erlangt hätten[9]. Diese Behauptung hat wenig Wahrscheinlichkeit für sich. Das Stapelrecht hat sich gerade an diesen Orten, wie für Magdeburg unten gezeigt werden wird, erst entwickelt, nachdem schon im Rheinland und auch in Ostdeutschland voll entwickelte Stapelrechte vorhanden waren. Einige dieser Orte haben es überhaupt nie erlangt, so Bardewick, Forchheim, Lorch. Andere, wie Erfurt und

---

[9] So z. B. Hagedorn, a. a. O. S. 380, der im übrigen die hier vertretene Ansicht teilt.

Regensburg, haben es erst ganz spät erlangt, so Erfurt frühestens am Ende des 15. Jahrhunderts. Endlich paßt das Stapelrecht gar nicht in das Wirtschaftssystem der Karolingerzeit hinein, in der ein reger Transitohandel, für den das Stapelrecht nur Sinn hat, noch nicht vorhanden war. Die wirtschaftlichen Bedingungen für ein derartiges Recht fehlten ganz. Der Einzelne erzeugte noch im wesentlichen alles, was er brauchte, selbst. Ein ausgeprägtes Städtewesen, diese so wichtige Voraussetzung des Stapelrechts, gab es ebenfalls nicht. Denn die Entwickelung der deutschen Stadt setzt erst frühestens im 10. Jahrhundert ein. Was sollte aber ein Recht wie das Stapelrecht in einem ausschließlich agrarischen Lande? Demgemäß ist es ausgeschlossen, daß das Capitulare von 805 irgendeinen Einfluß auf die Entstehung des Stapelrechts ausgeübt hat.

Ebensowenig hat dies die sogenannte Raffelstätter Zollrolle[7] getan, die auch nichts vom Stapelrecht enthält. Man beruft sich auf folgende Bestimmung in ihr[10]:

„Item de navibus salinariis, postquam silvam (Boemicam) transierint, in nullo loco licentiam habeant emendi vel vendendi vel sedendi, antequam ad Eperaespurch perveniant."

Für das richtige Verständnis dieser Stelle ist es notwendig, kurz die Veranlassung und den Inhalt der Raffelstätter Zollrolle zu betrachten. Ein Weistum über die Zölle des Donauverkehrs, ist sie um das Jahr 904 aus Anlaß von Klagen und Beschwerden der Bayern zur Zeit Kaiser Ludwigs IV. über die unsicheren Rechtszustände entstanden[11]. Sie will eine Übersicht über die zur Zeit bestehenden Donauzölle geben.

Ihr Inhalt ist folgender:

1. Schiffe, die von Westen kommend den Passauer Wald passiert haben und in Rosdorf oder sonstwo Markt halten

---

[10] Mittermaier, a. a. O. Bd. II, S. 848; Kurz, Oesterreichs Handel, S. 59.
[11] Mon. Germ. hist., Leg. Sect. II, Bd. II, S. 249; Brunner, Deutsche Rechtsgesch., Bd. II, S. 240—1.

wollen, müssen dort einen bestimmten Marktzoll zahlen. Wollen sie nicht Markt halten, sondern nach Linz fahren, so zahlen sie einen Durchgangszoll für Salz. Für Sklaven und andere Gegenstände zahlen sie nichts. Vielmehr können sie diese allüberall bis zum Böhmerwald ohne Zollzahlung frei verkaufen.

2. Baiern zahlen auch für das Salz, das sie für ihren Bedarf transportieren, keinen Zoll.

3. Macht sich ein Freier der Zollhinterziehung schuldig, so verfällt Schiff und Ladung; macht sich ein Knecht desselbens Vergehens schuldig, so wird er verstrickt und sein Herr muß ihn auslösen.

4. Einheimische Baiern und Slaven können die zum eigenen Gebrauch notwendigen Lebensmittel frei vom Marktzoll kaufen und frei vom Durchgangszoll transportieren. Kaufen sie nicht für Eigenbedarf, sondern für Handelszwecke, so zahlen sie die Zölle.

5. Salzkarren zahlen nur beim Übergang über die Enns bei Url Zoll, Schiffe aus dem Traungau dagegen dort nichts. Diese Vorschrift gilt jedoch nur für Baiern.

6. Slaven, die als Händler aus Rußland oder Böhmen kommen, zahlen, wo sie immer nur an der Donau Markt halten wollen, vom Wachs, von Sklaven und Pferden Abgaben; Baiern und einheimische Slaven zahlen dagegen beim Handel dieser Gegenstände nichts.

An diese Bestimmungen schließt sich die oben zitierte Stelle, in der man ein Stapelrecht enthalten sehen will, an. Sie kann in diesem Zusammenhange ebenfalls nichts anderes als eine Anordnung über die Zollerhebung sein. In ihr werden Anordnungen für die von Osten kommenden Schiffe getroffen, wie sie für die von Westen kommenden im Vorhergehenden getroffen sind, nur in etwas anderer Form und mit etwas anderem Inhalt. Das ergibt einmal die Anknüpfung mit „Item". Damit wird gesagt: Nachdem über andere Arten von Schiffen Bestimmungen getroffen sind, folgen nunmehr welche über die von Osten kommenden Salzschiffe. Sodann ergeben das auch die folgenden Ausführungen des Weistums. In ihnen heißt es nämlich: „Ibi (zu Ebersburg also) de una quaque navi legittima, id est quum tres homines navigant, exsolvant de sale scafil III nichilque amplius ex eis exigatur, sed pergunt ad Mutarun vel ubicunque tunc temporis salinarium mercatum fuerit constitutum et ibi similiter persolvant, id est III scafil de sale, nichilque plus; et postea liberam ac securam licentiam vendendi et emendi habeant sine ullo banno comitis vel constrictione alicuius persone; sed quantocumque meliori pretio venditor et emptor inter se dare voluerint res suas, liberam in omnibus habeant licentiam." Also von einem Feilbietungszwang in Ebersburg ist nicht die Rede. Vielmehr kann das Salz auch in Mutarun „vel ubicunque tunc temporis salinarium mercatum fuerit constitutum" verkauft werden. Die Bestimmung will also nur die Zollerhebung in Ebersburg sichern. Auch in Mutarun ist wieder Marktzoll zu zahlen. Sind die Zölle entrichtet, so besteht vollkommene Handelsfreiheit. Der Sinn der in der erwähnten Bestimmung auferlegten Handelsbeschränkungen ist also ein ganz anderer wie beim Stapelrecht. In ihr wird von der Zahlung der Zölle die Handelsfreiheit im Donaugebiet abhängig gemacht. Das ergibt auch der Schluß der Quelle, wo wieder die Rede von gewissen Zollerhebungen ist, nach deren Errichtung die Händler „licenter transire" können. Vom Stapelrecht enthält demnach die Raffelstätter Zollordnung nichts.

Weder um 800 noch um 900 gibt es also bereits ein Stapelrecht. Haben nun, wie Stieda behauptet, in der Tat seit dem Ende des 11. und zum Beginn des 12. Jahrhunderts viele deutsche Städte nach Stapelrechtsprivilegien gestrebt und sie auch erhalten? Quellenbelege waren dafür nicht aufzufinden. Nur über zwei Städte, bei denen die Verleihung des Stapelrechts schon im 12. Jahrhundert erfolgt sein soll, sei noch gehandelt, weil bei ihnen auch urkundliche Belege angegeben werden, und diese darauf nachgeprüft werden können, ob sie wirklich vom Stapelrecht handeln, über Bremen und Speyer.

Für Bremen beruft man sich, wie schon oben im III. Abschnitt ausgeführt ist, auf das Privileg Heinrichs V. vom Jahre 1111[12]. Dieses ist einmal schon lange als Fälschung erkannt[13]. Sodann enthält es als einzige auf das Handelswesen sich beziehende Stelle nur den Satz: „Item damus eis plenam et liberam potestatem pacificandi, protegendi et defendendi ... stratam nostram Regiam, scilicet Wiseram, ex utraque parte littoris, a civitate Bremensi praedicta, usque ad salsum mare, nec non mercatores cum suis navibus et mercimoniis, civitatem praedictam adeuntes seu visitantes et ab ea declinantes"; eine Stelle, die sich zweifellos nicht auf ein Stapelrecht bezieht, und in der nur die Deutungskunst der Juristen während der Stapelstreitigkeiten ein Stapelrecht enthalten finden konnte.

Speyer hat nach einer weitverbreiteten Ansicht sein Stapelrecht ebenfalls 1111 vom Kaiser Heinrich V. erhalten[14]. Zurückzuführen ist diese Ansicht auf eine Stelle in Lehmanns Speyerischer Chronik vom Jahre 1612[15]. Lehmann führte den Beweis für das Vorhandensein des Stapelrechts in Speyer, Köln und Mainz schon zu dieser Zeit, indem er an die Stelle des Privilegs von 1111: „Volumus etiam, ut nichil exigatur ab iis, qui res proprias, propriis sive conductis navibus, transvehunt" anknüpfend sagt: „Dieser Punkt redt von den Staffel-Güttern. Welcher Bürger zu Speyr druckene und saltzen Wahr (so man Staffelbar genennt, daß sie an den Staffeln, außgeladen und ubergeschlagen werden müssen) geführt, so sein eigen Guth gewesen, hat man demselben davon, an den untersten zweyen Staffeln, zu Mayntz und Cölln zu accis und Uberschlag nichts fordern und abnehmen dörffen, und hat die Statt Speyr solcher Freyheit viel hundert Jahr genossen ..." Lehmann nimmt demnach an, daß es sich bei dieser Bestimmung um eine Befreiung zugunsten der Speyerischen Bürger von dem schon bestehenden Mainzer

---

[12] Emminghaus, a. a. O. S. 19 f.
[13] Gengler, C. j. m. Germ., S. 316.
[14] So z. B. auch Stieda im Hdwb., Bd. VI, S. 997.
[15] S. 366.

und Kölner Stapelrecht handelt. Spätere Schriftsteller haben dann in der Stelle der Urkunde die Verleihung des Stapelrechts selbst an Speyer gesehen. Weder das eine noch das andere ist richtig, wie die Betrachtung des Inhalts der Urkunde [16] ergibt.

Es handelt sich in ihr um eine Reihe von Rechten, die den Bürgern von Speyer teilweise eine günstigere Stellung ihrem Stadtherrn gegenüber geben, teilweise ihnen sonstige Vorteile gewähren. Die Urkunde zerfällt in zwei Abschnitte.

Im ersten Abschnitt werden alle Bürger Speyers vom Buteil befreit.

Im zweiten Abschnitt wird bestimmt: Die Bürger sollen „ab omni theloneo", der bis dahin in der Stadt gezahlt wurde, frei sein, ebenso vom „bannfennig, scozfennig". Auch „Piper, quod de navibus exactum est, eis remittimus". Also Befreiung der Bürger von einer Reihe bisher erhobener Abgaben. Dann folgt die Bestimmung, daß kein Bürger das Vogtding außerhalb der Stadt aufzusuchen braucht, und daß „Nullus prefectus vinum quod appellatur banwin presumat vendere aut alicuius civis navim ad opus sui domini illo invito accipere." Hieran schließt sich die oben angeführte Stelle an, worauf Bestimmungen über Münzverschlechterung, ein Verbot, Zölle im Bistum oder in fiskalischen Orten von ihnen zu erheben, und endlich Bestimmungen über Erwerb von Grundeigentum binnen Jahr und Tag usw. folgen.

Wenn man die fragliche Stelle in diesem Zusammenhang unbefangen betrachtet, so muß man sagen, daß weder, wie Lehmann will, von einer Befreiung von anderen Stapelrechten noch, wie andere wollen, von einer Verleihung des Stapelrechts an Speyer die Rede ist, und daß nur ein Nichtkennen des Inhalts der Urkunde zu dieser Ansicht führen konnte. Der Sinn der Stelle ist der, daß von

---

[16] Abgedruckt bei Hilgard. Quellen zur Geschichte der Stadt Speyer, Bd. I, S. 17 f., und bei Keutgen, Urkunden z. städt. Verfassungsgesch., S. 14 ff.

Bürgern, die Gegenstände zu eigenem Bedarf außerhalb der Stadt Speyer auf eigenen oder gemieteten Schiffen an Zollstätten vorbeiführen, keine Zölle verlangt werden können, eine Bestimmung, die z. B. auch in der Raffelstätter Zollrolle getroffen ist, die überhaupt oft vorkam. Nicht aber geht aus der fraglichen Stelle irgend etwas auf ein Stapelrecht Bezügliches hervor. Auch in Speyer ist also um 1111 vom Stapelrecht noch nicht die Rede.

Die letzte der von uns für unrichtig gehaltenen Ansichten ist die Roschers[4], daß schon 1232 Friedrich II. die Anlage neuer Stapelplätze verboten habe. Diese Ansicht scheint sich — andere Quellen waren wenigstens nicht zu finden — auf die Bestimmung der Constitutio in favorem principum[17]: „Item nemo cogatur ad aliquod forum ire invitus", zu gründen. Das klingt in der Tat beinahe wie ein Verbot der Stapelrechte, ist jedoch in Wahrheit kein solches. Das Stapelrecht zwingt zu dieser Zeit und auch noch später niemand, einen Markt zu besuchen. Es zwingt nur diejenigen, die freiwillig in die Stadt gekommen sind, dann auch dort zu bleiben und Markt zu halten. Also von einem Zwang, wie die Constitutio ihn verbietet, ist beim Stapelrecht gar nicht die Rede. Deshalb kann der oben erwähnte Satz auch nicht den Sinn haben, den Roscher ihm beilegen will. Welchen Sinn er hat, das ergibt der ihm folgende Satz: „Item strate antique non declinentur nisi de transeuncium voluntate." Wenn man sich nun die Verhältnisse jener Zeiten vergegenwärtigt, in denen es bei den Grundherren sehr beliebt war, zwecks Erhöhung der Einnahmen aus Zöllen und Abgaben einen Zwang zum Besuch der ihnen gehörigen Straßen auszuüben, so wird klar, daß sie einen Zwang auch ausübten zum Besuch der ihnen gehörenden Märkte, und daß nur hiergegen, nicht aber gegen das Stapelrecht, das die freiwillig gekommenen Kaufleute zum Verweilen und zur Feilbietung zwang, die oben erwähnte Bestimmung sich richtet.

---

[17] Mon. Germ. hist., Leg. Sect. IV, Bd. II, Nr. 171, S. 211 ff.; Zeumer, a. a. O. S. 48 ff.

Nachdem die gegnerischen Ansichten widerlegt sind, werden nunmehr die Gründe, insbesondere die Quellenbelege, die für die Entstehung des Stapelrechts um die Wende des 12. Jahrhunderts sprechen, angeführt und besprochen werden. Sie werden ungefähr ein Bild geben, wie und woraus das Stapelrecht entstanden ist.

Daß das Stapelrecht am Ende des 12. oder am Anfang des 13. Jahrhunderts entstanden ist, dafür spricht einmal der Umstand, daß, während in der zweiten Hälfte des 13. Jahrhunderts das Stapelrecht schon weit verbreitet ist, es in der Confoederatio cum principibus ecclesiasticis, in der Constitutio in favorem principum und anderen Gesetzen dieser Zeit, die sich mit dem Straßenzwang und dem Marktrecht befassen[18], noch gar nicht erwähnt wird; wäre es schon damals ein Recht von nur irgendwelcher Bedeutung gewesen, so wäre seiner wohl zweifellos Erwähnung getan und vielleicht wäre auch ausdrücklich den Landesherren die Befugnis, es zu verleihen, eingeräumt worden, die sie tatsächlich ja seit 1250 stets ausgeübt haben. Sodann spricht dafür, daß in den ältesten Verleihungen von Stapelrechten termini technici nicht gebraucht werden, daß diese vielmehr gerade den ältesten Stapelrechten stets erst nachträglich beigelegt werden, so z. B. dem Wiener und Kölner Stapelrecht[19]. Endlich spricht aber auch die Entstehungsgeschichte der Stapelrechte aus der ersten Hälfte des 13. Jahrhunderts und einiger späterer dafür.

Die älteste urkundlich belegte Stapelrechtsverleihung ist die in Wien. Der Stadt Wien wurde im Jahre 1221 ein neues Stadtrecht verliehen[20]. Während nun noch 1192 den Regensburger Kaufleuten für Österreich das Privileg ver-

---

[18] Mon. Germ. histor., Leg. Sect. IV, Bd. II, Nr. 30. 73, 284, 285, 171, 203; Zeumer, a. a. O. S. 27—28, 36 ff., 42, 48 ff.; 55, 64.
[19] Vergl. oben Abschnitt II.
[20] Geschichtsquellen d. St. Wien, I. Abt., Bd. I, S. 8 ff., 13. Vgl. über die Entstehung und Entwickelung des Wiener Stapelrechts auch Schuster in der Geschichte der Stadt Wien, I. Bd., S. 305 ff., 338 ff., 359 ff., der teilweise andere Ansichten hat.

liehen worden war[21], „ut sine impedimento emant aurum, cutes et omnia que voluerint excepto argento", und 1191 bestimmt worden war[22]: „Quidquid emere vel vendere cum auro vel argento voluerint, potestatem habeant", bestimmt mit einem Male der Artikel 23 des neuen Wiener Stadtrechts: „Nulli civium de Swevia vel de Ratispona vel de Patavia liceat intrare cum mercibus suis in Ungariam. Quicumque contrarium fecerit, solvat nobis duas marcas auri. Nemo etiam extraneorum mercatorum moretur in civitate cum mercibus suis ultra duos menses nec vendat merces quas adduxit, extraneo sed tantum civi..." Also, während wir noch 1192 völlige Handelsfreiheit der Regensburger in ganz Österreich haben, haben wir plötzlich 1221 in Wien ein Stapelrecht. Dieses im Artikel 23 verliehene Recht ist nämlich ein Stapelrecht. Denn die Kaufleute, die nach Wien kommen, werden durch diese Bestimmung gezwungen, ihre Waren dort binnen zwei Monaten an die Bürger zu verkaufen. Dann müssen sie Wien wieder verlassen. Das Stapelrecht ist hier schon von Anfang an mit dem Verbot der Weiterfahrt verbunden. Interessant sind nun insbesondere drei Punkte bei der Verleihung des Wiener Stapelrechts.

1. Es wird im Gegensatz zu einem bestehenden Rechtszustand, den Handelsprivilegien der Regensburger, verliehen. Es charakterisiert sich dadurch als neue Maßregel, als neues Recht.

2. Man hat noch keinen Namen für dieses neue Recht. Auch in den Bestätigungen und Wiederholungen der Privilegierung, 1244, 1247, 1278, kennt man noch keinen terminus technicus dafür[23]. Erst 1281[24], d. h. in einer Zeit, in der in Ostdeutschland ganz allgemein der terminus tech-

---

[21] Keutgen, a. a. O. S. 52 (n. 86).
[22] Meiller im Archiv f. d. Kunde österreichischer Geschichtsquellen, Bd. 10, S. 92 ff.
[23] Geschichtsquellen der Stadt Wien, I. Abt., Bd. I, S. 29, 31, 49.
[24] Ebenda S. 65: „Und wurden enein umb ein niderlege, daz den ze Wienne in des riches houpstat in Osterrich wurde..."

nicus „niderlage" üblich ist, so z. B. in Stettin [25], in Greifswald [26], in Frankfurt a. O. [27], taucht dieser auch in Wien auf. War 1221 ein allgemein verbreitetes und bekanntes, seit alten Zeiten bestehendes Stapelrecht vorhanden, wie vielfach behauptet wird, sollte man dann wirklich dies Recht in Wien nicht in der Art verliehen haben, daß man den terminus technicus anwandte, wie es nach 1250 so oft geschah?

3. Das Wiener Stadtrecht von 1221 ist, wie Tomaschek [28] eingehend unter Vergleichung der Texte nachgewiesen hat, zum größten Teil dem Stadtrecht von Enns von 1212 nachgebildet [29]. Es entspricht nun aber dem 23. Artikel des Wiener Stadtrechts von 1221 kein Bestandteil des Ennser Stadtrechts. Daraus ergibt sich ebenfalls, daß das Stapelrecht in Wien 1221 für Österreich zum mindesten etwas ganz Neues war. Dieser Ansicht steht auch nicht jene eigentümliche Bestimmung der Satzung der nach Enns hin Handel treibenden Regensburger von 1191 entgegen, auf die Kurz [30] hingewiesen hat. Diese lautet [31]: „Forma autem renovationis hec est, ut in Annunciatione beate Marie virginis (25. März) queque navis Aunsum veniens, ibi maneat usque ad terminationem fori; et nihil ab ea exigatur, hoc excepto, quod, si in prima vespera (am heiligen Abend) venerit, transeat, si vero mane, non procedat. Preterea quelibet navis vinum vel frumentum ferens, vel alia victui necessaria liberum habeat transitum usque ad festum beati Georii (23. April); si vero deinde transire

---

[25] Stettin 1283: et servare ibidem deposicionem, que in vulgari dicitur nederlage", P. U.B., Bd. II, Nr. 1282.
[26] Greifswald 1270: „... deposicionem que vocatur vulgariter nederlage...", P. U.B., Bd. II, Nr. 921.
[27] Frankfurt a. O. 1253: „... depositio mercium, que in vulgari Nederlage dicitur...": Riedel, a. a. O. I. Hauptteil, Bd. 23, n. 1.
[28] Einleitung zu den Geschichtsquellen der Stadt Wien, I. Abt., Bd. I, S. XIII f.
[29] Meiller, a. a. O. Bd. 10, S. 96—99.
[30] A. a. O. S. 61.
[31] Meiller, a. a. O. S. 92.

voluerit, manere cogatur. De navilus manentibus nil exigatur. Peracto vero foro et ibidem navibus oneratis comes Ratisponensis cum iudicibus de villa ad portum veniens a nautis inquirat quid queque navis ferat." Hierin soll nach Kurz[30] und Schuster[20] die Verleihung des Stapelrechts an Enns liegen. Diese Ansicht erscheint jedoch nicht richtig. Den Regensburgern standen, wie schon oben erwähnt ist, in Österreich bedeutende Handelsprivilegien zu. Auch die hier erwähnte Stelle stammt aus einem ihnen für ihren Handel in Enns gegebenen Privileg. Heißt es doch im Eingang der Urkunde: „Ego Otacher dei gratia dux Styrye ... notum facio, qualiter iura nundinarum Ananensis ville ad instantiam Ratisponensium renovavi et ... firmavi ..." Auch der letzte Satz: „Preterea initium fori debet esse feria secunda diebus Rogationum (Dienstag vor Himmelfahrt), finis ejusdem in vigilia Pentecosten (Pfingstheiligabend), quod si factum non fuerit, Ratisponenses in C librarum estimationem mihi tenebuntur", zeigt, daß die Regensburger als Berechtigte für den rechtzeitigen Beginn und Schluß des Marktes zu sorgen hatten. Von einem Rechte, das der Stadt Enns zusteht, kann demnach nicht die Rede sein, höchstens von einem solchen, das den Regensburgern zusteht, weshalb auch wohl dieses Recht im Ennser Stadtrecht von 1212 nicht erwähnt wird. Dies Recht nun, daß die Schiffe, die an Markttagen kommen, bleiben müssen, ist sicherlich kein Stapelrecht. Denn von einer Verkaufsstellung der auf ihnen befindlichen Waren ist nicht die Rede. Warum sollten ferner auch nur die „mane", nicht aber die „in prima vespera" gekommenen Schiffe dem Stapelrecht unterliegen? Es scheint sich hier vielmehr um Maßregeln, die der Verzollung oder der Marktpolizei wegen, nicht aber um solche, die eines Stapelrechts wegen angeordnet sind, zu handeln. Denn weiter wird noch in der Urkunde gesagt: „Item cum quelibet navis iuxta statutum satisfecerit et comes Ratisponensium (also ein Bevollmächtigter der Regensburger, nicht der Stadt Enns) recesserit, quidquid mercis ad litus ducatur, XII denarios de plaustro persolvat. Hoc facto sursum naves trahuntur, posterior pars manens, ubi prima fuit, et sic liberum per totum annum habeant transitum." Daß es sich hier um kein Stapelrecht handelt, geht auch daraus hervor, daß es sich nur um Bestimmungen für die Zeit dreier Märkte (jura nundinarum Ananensis ville), des Marktes am 25. März (Mariä Verkündigung), des Marktes am 23. April (Fest des heiligen Georgs) und des Marktes vom Dienstag vor Himmelfahrt bis Pfingstheiligabend handelt. Welche Bedeutung diese Bestimmungen auch haben mögen, von einem Stapelrecht oder selbst den Anfängen eines solchen kann man hier auf keinen Fall reden. Dafür fehlt es an jedem Anhalt. Erst in Wien wurde demnach 1221 das erste österreichische Stapelrecht geschaffen, das dann 1244 auf Haimburg übertragen wurde [32].

Anders wie in Wien ist die Entwicklung in Köln. Ist in Wien das Stapelrecht plötzlich im Gegensatz zu bestehenden Verhältnissen verliehen worden, so hat man in Köln scheinbar zielbewußt daran gearbeitet, aus bestehenden Verhältnissen heraus sich ein Recht zu entwickeln, das später das Stapelrecht wurde. Die Entwicklung in Köln ist folgende [33]:

Aus einer Urkunde vom Jahre 1173 geht hervor, daß in Köln seit einiger Zeit ein Zoll für durchreisende Kaufleute bestand [34]. 1178 hören wir dann von einem Streit zwischen Köln und Gent über die freie Rheinschiffahrt [35]. Es liegt uns ein Schiedsspruch des Erzbischofs Philipp I. von Köln vor. Der Streitpunkt geht deutlich aus dem Texte der Urkunde hervor: „... Quaestionis autem hujus forma et materia fuit, quod cives de Ghent per alveum Reni ad placitum suum navigio ascendere sibi licitum esse jure mercationis dicebant, cives vero Coloniae ascensum eis supra

---

[32] Meiller, a. a. O. S. 144.
[33] Hierzu besonders zu vergl. Stein, Beiträge z. Gesch. d. deutschen Hanse, S. 34 ff.
[34] H. U.B., Bd. I, Nr. 23: „... Flandrenses solventes apud Dusburch tale theloneum, quale solent Coloniae persolvere..."
[35] H. U.B., Bd. I, Nr. 29.

Coloniam jure suo negabant..." Köln will also den Gentern die Bergfahrt auf dem Rheine „jure suo" verwehren. Was Köln unter „jus suum" hier versteht, ist leider nicht ersichtlich. Die Tatsache, daß schon früher ein Zoll zu Köln erhoben wurde, legt die Vermutung nahe, daß beide, der Zoll und dies jus, sich auf denselben Rechtstitel stützten. Jedenfalls, wie dem auch sei, der Schiedsspruch ist den Gentern günstig: „... ut ascensus per alveum Reni eis ita pateat, quemadmodum ipsis et eorum antecessoribus ante motam litem patebat ..." Aus dem Schlusse der angeführten Stelle ergibt sich, daß die Rechtsprätentionen Kölns damals noch jungen Datums gewesen sein müssen[36]. Über die Frage der freien Rheinschiffahrt hören wir in den nächsten Jahren nichts mehr. Erst vom Jahre 1203 liegt wieder eine Urkunde für unsere Frage vor[37]. Es handelt sich in dieser um die Bestimmung der Zollsätze, die die Dinanter Kaufleute im Durchgangsverkehr in Köln zu zahlen hatten. Die Urkunde zerfällt in zwei Teile, einen Teil, der vom Landverkehr, und einen, der vom Schiffsverkehr handelt. Für uns wichtig ist nun die Bestimmung, daß die Dinanter Kaufleute 1. keine Abgaben zu zahlen brauchen, wenn sie nach Köln kommen und ihre Waren dort zum Verkauf auslegen (... In ingressu vero in Coloniam cum curribus et carrucis Coloniam venientes, quicquid afferant, nichil penitus dabunt et sine licentia thelonearii onera sua deponant vendentes res suas, quamdiu Colonie sunt, nichil penitus dantes); 2. daß sie keine Abgaben zu zahlen brauchen, wenn sie von Osten her kommend, z. B. von Goslar her, auf ihrem Heimwege über Köln dort ihre Waren auslegen (... Si vero de Goslaria vel undecunque trans Renum Coloniam venerint, si cuprum vel quicquid aliud afferant onera sua vendentes vel ibidem deponentes, nichil dabunt); 3. daß sie Abgaben zahlen müssen, wenn sie Köln einfach durchfahren

---

[36] Es handelt sich bei ihnen wahrscheinlich um das Einführen von neuem Recht, bei dem man sich aber des Scheines wegen auf alte Urkunden (jus suum) berief.
[37] H. U.B., Bd. I, Nr. 61.

oder wenn sie ihre Wagen wieder mit den ausgelegten
Waren bepacken (Sed cum eisdem curribus vel carrucis per
Coloniam transeuntes de curru denarium et de carruca
obulum dabunt et thelonearius eis signum dabit... Sed si
cum eisdem oneribus depositis eosdem currus vel easdem
carrucas vel alios currus vel alias carrucas deponant, de
curru quatuor denarios et de carruca duos denarios dabunt...).
Dieselbe Bestimmung wie für den Landverkehr gilt für den
Schiffsverkehr. Fahren die Dinanter an Köln vorbei, so
zahlen sie Abgaben, verkaufen sie in Köln etwas, so sind
sie hierfür von der Abgabe befreit (... Cum navibus vero
venientes Coloniam vel de inferioribus vel de superioribus
partibus, quidquid vel quantumcumque in navi afferant,
decem denarios tantum dabunt, quorum unus eis reddetur.
Et sciendum, sive cuprum vel quicquid aliud Colonie vendant,
nichil penitus inde dabunt). Übersehen wir den Inhalt der
Urkunde im allgemeinen, so finden wir: Der Verkehr durch
Köln und über Köln hinaus ist gestattet. Eine Abgabe
wird in Köln entrichtet. Sobald aber von den durchziehenden
Kaufleuten in Köln Markt gehalten wird, so tritt Befreiung
von der Abgabe ein. Und hier können wir zum ersten
Male eine Mutmaßung aufstellen, woraus das Kölner Stapelrecht entstanden ist: Wahrscheinlich aus Vergünstigungen
für die Kaufleute, die bei ihrer Durchreise Markt in der
Stadt hielten. Zuerst gab man ihnen Vergünstigungen, wenn
sie blieben und Markt hielten; später, als man sich mächtiger
fühlte, zwang man sie zum Bleiben und zur Feilbietung
und untersagte ihnen sogar die Weiterfahrt über Köln hinaus. Soweit ist Köln schon 1259[38]. Für die von Osten
und Westen kommenden Kaufleute ist Köln jetzt der Endpunkt ihrer Reise, ebenso für die den Rhein hinauf und
hinunter fahrenden (... Quod videlicet nullus mercatorum
de Ungaria, Boemia, Polonia, Bawaria, Suevia, Saxonia,
Thuringia, Hassia et quibuscumque aliis orientalibus partibus
cum mercibus quibuslibet ad Renum veniens extra atque

---

[38] H. U.B., Bd. I, Nr. 523.

ultra civitatem Coloniensem excepta sola causa peregrinationis procedet. Neque etiam ullus Flamingus vel Brabantinus aut alius quicumque de ultra Mosam vel aliarum parcium inferiorum secundum consuetudinem antiquam et de jure servandam causa mercandi ulterius quam in Coloniam et non trans Renum neque versus partes superiores ultra villam nomine Rodinkirchen procedet. Et similiter nullus mercatorum de superioribus partibus extra dyocesim Coloniensem existens ultra inferiorem turrim civitatis Coloniensis vel saltem ultra villam nomine Ryle causa mercandi descendendo procedet usw.). Hiermit hat Köln ein Stapelrecht erlangt, das zugleich mit dem Verbot der Weiterfahrt verbunden ist[39]. Seine Form und Art erinnern sehr an das Wiener Stapelrecht. Auch bei ihm fehlt übrigens charakteristischerweise noch ein terminus technicus[40].

In Stade, das auch eines der ältesten Stapelrechte hat, hat die Entwicklung einen ähnlichen Gang wie in Köln genommen[41].

Im Jahre 1038 wurde dem Hamburgischen Erzbischof eine Schenkung folgenden Inhalts gemacht[42]: „... ut potestatem habeat si quando necessitas exposcat vel utilitas in loco Stadum nominato in praedio ecclesiastico mercatum

---

[39] Below, Theorien d. wirtschaftl. Entwicklung, Histor. Zeitschr., Bd. 86, S. 66, und Gothein, Zur Geschichte der Rheinschiffahrt, Westdeutsche Zeitschr. f. Gesch. u. Kunst, Bd. 14, S. 249, scheinen dies Recht Kölns noch nicht für ein Stapelrecht anzusehen.

[40] Diese Entwicklung in Köln wird wahrscheinlich gemacht durch eine ähnliche in Lüneburg, die ein Jahrhundert später vor sich geht. In Lüneburg wurde 1341 (Lüneburger Urkundenbuch, herausgegeben von Volger, Bd. I, n. 402; Weißenborn, Elbzölle und Elbstapelplätze im Mittelalter, S. 45) fremden die Elbe hinabfahrenden Kaufleuten Freiheit „ab omnis ungheldi ac telonei et cuiuslibet exactionis solutione" versprochen, wenn sie ihre Waren „ad usus civitatis Luneborch et civium predictorum" herbeibrächten. Später übt dann Lüneburg Stapelrecht aus. Es scheint bei ihm also dasselbe Verhältnis wie in Köln vorzuliegen: zuerst Begünstigung der Kaufleute, die bleiben; später Zwang zum Verweilen.

[41] Soetbeer, Stader Elbzoll, S. 7 ff.

[42] Soetbeer, a. a. O. S. 8.

ex integro construendi, bannum et theloneum nec non etiam monetam et quicquid inde Regius rei publicae fiscus obtinere poterit, praelibatae Hammaburgensi conferimus sedi". Es wird dem Erzbischof also erlaubt, einen Markt (mercatum) zu errichten und mit ihm verbunden Marktzoll (theloneum) zu erheben. Aus dieser Vergünstigung heraus scheint sich nun das Stader Stapelrecht entwickelt zu haben[43]. Infolge des Aufblühens Hamburgs wurde der Stader Markt nicht mehr besucht; die Einnahmequelle aus dem Zolle versiegte und Streitigkeiten um ihn schwebten zwischen Hamburg und Stade[44]. Schließlich führte man 1259 wohl als Folgerung aus dem Markt- und Zollrecht die Bestimmung ein, daß alle Kaufleute, die vom Meer kamen, drei Flutzeiten in Stade bleiben mußten[45]. („... Item omnes mercatores de mari venientes cum rebus suis non transeant, sed ad civitatem Stadensem cum navibus applicent et tres aquas ibi jacent"). Damit war der Grund zum Stader Stapelrecht gelegt.

Wien, Köln, Stade sind Orte, deren Stapelrechtsentwicklung bis etwa zur Mitte des 13. Jahrhunderts vollendet ist, und die auch die Entstehung des Stapelrechts im allgemeinen mutmaßen lassen. Letzteres läßt auch die Entstehungsgeschichte der Stapelrechte einiger Orte zu, in denen die Entwicklung des Stapelrechts erst später zum Abschluß gekommen ist, teilweise auch wohl erst angefangen hat, nachdem ein Begriff des Stapelrechts schon feststand. Diese Orte sind Dordtrecht, Stettin und Magdeburg. Ein kurzer Blick sei daher auch noch auf die Entwicklung ihrer Stapelrechte geworfen. Außer Acht darf man dabei jedoch nicht lassen, daß diese Orte bei ihrem Bestreben, Stapelrechte zu erlangen, dies bestimmte Ziel vor Augen gehabt haben, die Entwicklung bei ihnen daher nicht, wie bei den älteren Stapelrechten, eine unwillkürliche, sondern eine dirigierte ist. Trotzdem ist sie für die Entstehungsgeschichte des Stapelrechts im allgemeinen darum lehrreich, weil sie zeigt,

---

[43] Soetbeer. a. a. O. S. 17.
[44] H. U.B., Bd. I, Nr. 36 (1189).
[45] H. U.B., Bd. I, Nr. 535.

daß man fast nirgends willkürlich neue Rechte zu schaffen versuchte, sondern sich bemühte, sie aus anderen Rechten heraus zu entwickeln und diese Rechte dann als das Stapelrecht enthaltend auszulegen.

Dordtrecht wurde 1298 ein Privileg vom Grafen Johann von Holland verliehen[46]: „dat niement gheen havere en moet coepen boven Dordrecht uutwaert te voeren . . . ende dat die marct ende die coepmannscepe van haveren ligghe ende wesen binnen onsen voerseide porte van Dordrecht tote onsen wederzegghene". Also Dordtrecht wurde damit widerruflich zum ausschließlichen Hafermarkt der Grafschaft Holland gemacht. Schon 1299 wird diese Bestimmung ausgedehnt. Der Markt aller Kaufmannsgüter, die die Merwede und den Leck hinunterkommen, soll zu Dordtrecht sein[47] „. . . ende met rade vele ghoeder liede de marct van allen coepwaerliken ghoede dat de Marwe of de Lecke nedercomt te Dordrecht hebben ghleghet an wat ghoede dat gheleghen is est in wine eist in corne eist in houte of an wat ghoede dat gheleghen es bi wien dat neder comt eist bi personen . . . ende legghen daer die marct te vercoepene ende te coepene ende wi ombieden al onzen tolnars van Gheervliet ende van Strienemonde . . dat sie niemene vertollen noch voerbi laten varen sine brenghen littcken uut der wissel van Dordrecht, dat si dat ghoet te Dordrecht ghecoeft hebben". Hier ist also schon ein Stapelrecht verliehen. Es fehlt aber noch der terminus technicus. Auch die vom Stapelrecht handelnden Urkunden von 1304, 1335 und 1342 kennen diesen noch nicht[48]. Erst 1355 kommt zum ersten Male der terminus technicus „stapel" vor, um von jetzt an niemehr in den Urkunden zu verschwinden[49]. (. . . dat alle goed datten Rijn die Mase ende die Wael, di IJsel die Lecke ende die Merwede neder comen sal jof opwaerd varen wille van waen dattet comt jof wier dattet toe behoerd binnen onser stede

---

[46] v. d. Wall, a. a. O., Bd. I, S. 99.
[47] v. d. Wall, a. a. O. Bd. I, S. 100.
[48] v. d. Wall, a. a. O. Bd. I, S. 127 f., 169, 190 ff.
[49] v. d. Wall, a. a. O. Bd. I S. 235.

van Dordrecht voersz. comen sal ende rechten stapel aldaer houden alse coern ende zout ende dat selmen aldaer vercopen ende vermeten op eenen andern bodem sonder arghelist...") Hier, wo sich zum ersten Male in Dordtrecht der terminus technicus „stapel" findet, hält man es aber doch noch für notwendig, erläuternd hinzuzusetzen, was den Inhalt des Stapelrechts ausmache, „... alse coern ende zout ende dat selmen aldaer vercopen ende vermeten op eenen andern bodem..."

Nach den angeführten Quellen hat sich das Stapelrecht in Dordtrecht anscheinend aus der Monopolstellung dieser Stadt als Hafermarkt der Grafschaft Holland am Ende des 13. Jahrhunderts entwickelt. Diese Entwicklung hat sich bis in die Mitte des 14. Jahrhunderts hingezogen, bis sie schließlich im Jahre 1355 einen gewissen Abschluss dadurch erlangt hat, daß jetzt genau festgestellt ist, was den Inhalt des Stapelrechts in Dordtrecht ausmacht.

Ähnlich wie in Dordtrecht ist die Entwicklung in Stettin gewesen[50]. Erst 1243 wurde Stettin bekanntlich eine Stadt mit deutschem Stadtrecht. Zugleich wurde ihr der fürstliche Zoll verliehen. 1253 und 1272 wurde dann zu ihren Gunsten bestimmt, daß kein Fremder im Lande des Herzogs Barnim von Pommern von der Ernte bis Ostern Getreide kaufen dürfe[51]. („... ut nullus hospes annonam aliquam in tota terra ab eo, quo novalia frugum incipiunt usque ad festum pasche emere debeat vel presumat..."). 1283 erhält sie endlich ein ausgedehntes Stapelrecht[52]: „Prima prerogativa graciarum est, quam ipsis donavimus appropriando, quod omnia bona qualiacunque fuerint, que de partibus superioribus Oderam descendendo vel de partibus inferioribus ascendendo ad ipsam nostram civitatem Stetin ducuntur, ipsa in civitate debent deponi et servare ibidem deposicionem, que in vulgari dicitur nederlage..." Auch hier in Stettin läßt sich also ein planmäßiges Streben nach Er-

---

[50] Naudé, a. a. O. S. 25 f.; Stein, a. a. O. S. 53 f.
[51] P. U.B., Bd. II, Nr. 966.
[52] P. U.B., Bd. II, Nr. 1282.

weiterung der städtischen Rechte erkennen, das schließlich zur Erlangung eines Stapelrechts führt.

Auch in Magdeburg ist das Stapelrecht aus anderen Rechten heraus entwickelt worden. Vor Darstellung dieser Entwicklung muß jedoch auf die Frage eingegangen werden, ob nicht etwa schon das in dem zwischen dem Erzbischof und der Stadt Magdeburg 1309 geschlossenen Vergleich erwähnte „Kornschiffungsrecht" ein Stapelrecht war. Dies behaupten z. B. Schmoller, Naudé, Koch und Hertel[53]. Für den Anfang der Stapelrechtsentwicklung hält es Mäuß[54], für kein Stapelrecht Kriele, Hoffmann und der Verfasser der „Abhandlung von dem Stapelrecht der alten Stadt Magdeburg"[55]. Richtig ist diese letzte Ansicht und die von Mäuß insofern, als aus diesem „Kornschiffungsrecht" heraus das Stapelrecht entwickelt worden ist. Der in Betracht kommende Artikel des Vergleichs von 1309 lautet[56]: „Echt umb dat korn, dat men die Elve nedder schepede, dar wy gelt aff namen van borgern und van gesten, ist gededinget, dat wy neyn gelt daraff nemen enschollen, und dat dat ford also stan sal, dat man dat korn furen sal, di wyle dat men des in dem lande entbern mach; wenn aber uns und den borgern das gedunket, dat das noit sey dat men dat vorbiede, so scal dat mit unser beider willen geschin und unser neyn irlowen tovorn ane den andern. **Ouk en scal die schepingh des kornes nergen syn widder boven der stadt noch benedden der stad van unser heite ader willen, sondern to der aldestat.**" Schmoller[53] sieht hierin „die formelle

---

[53] Schmoller, Studien, S. 1025; Naudé, a. a. O. S. 43; Koch, Leben des Erzbischofs Burchards III., Geschichtsbl. f. Stadt u. Land Magdeburg, Bd. 23, S. 233; Hertel, Streit des Erzbischofs Ernst mit der Stadt Magdeburg, ebenda, Bd. 23, S. 394.

[54] Mäuß, a. a. O. S. 135.

[55] Kriele, a. a. O. S. 103 ff.; Hoffmann, Gesch. der Stadt Magdeburg, Bd. I, S. 277; Abhandlung von dem Stapelrecht der alten Stadt Magdeburg, S. 22, 45.

[56] Hertel, U.B. der Stadt Magdeburg, Bd. I, Nr. 251.

Anerkennung des ohne Zweifel längst bestandenen Getreidestapelrechts". Diese Ansicht ist nicht zutreffend. Einmal, warum bedient man sich in Magdeburg, wenn es sich wirklich um ein Stapelrecht handelt, nicht des in Ostdeutschland um diese Zeit allgemein üblichen Ausdrucks „niderlage"? Ferner spricht der ganze Inhalt der Stelle selbst gegen diese Ansicht. Zuerst wird in ihr die Zollbefreiung für Korn festgesetzt; sodann werden Maßregeln für die Ausfuhr getroffen, und zwar wird im allgemeinen Freiheit der Kornausfuhr gewährleistet und Kornausfuhrverbote werden nur für Zeiten der Not vorbehalten. Hieran schließt sich die Bestimmung, daß alles Korn von der Altstadt aus verschifft werden soll. Es handelt sich hierbei offenbar also um ein Schiffahrtsmonopol für die Altstadt, nicht aber um ein Stapelrecht. Bei einem solchen müßten doch auch irgendwelche Bestimmungen über die Dauer der Feilbietung und den Kreis der verpflichteten Personen getroffen sein. Magdeburg hat somit das Stapelrecht nicht 1309, sondern erst im Laufe des 15. Jahrhunderts durch Ausdehnung dieses Kornschiffungsrechts erlangt. Während nämlich noch in einem Vergleich zwischen Erzbischof und Stadt 1463 nur bestimmt wird[57]), „dat de kornschepinge nu hennforder ungehindert ghan und vor der aldenstad Magdeborch allerleye korn tho schepe geford und gescheped werden schal de Elve henave tho gande und tho forende...", wird im Vergleich von 1497 von einer Niederlage geredet, und zwar charakteristischerweise in Verbindung mit dem Kornschiffungsrecht[58]: „Anlangend das Marktrecht, die Niederlage, auch das Kornschiffen auf der Elbe betreffend, seind also betheidingt..." Im 16. Jahrhundert hat dann Magdeburg immer Stapelrecht geltend gemacht, so daß es z. B. in einem Mandat Kaiser Maximilians II. von 1574 für Magdeburg heißt[59] „... gegen ihrer gebührlichen Stapel- und Niederlags-Ge-

---

[57] Hertel, U.B., Bd. II, Nr. 851.
[58] Hertel, Streit des Erzbischofs, S. 407; Smalian, Gründl. Widerlegung, Beilage XX, S. 72; Hoffmann, a. a. O. Bd. I, S. 277.
[59] Abhandlung von dem Stapelrecht der Stadt Magdeburg, S. 56.

rechtigkeit ungehindert..." Magdeburg hat demnach offenbar aus dem Kornschiffungsrecht heraus sich ein Stapelrecht entwickelt; nicht aber ist dieses schon ein Stapelrecht.

Aus dem hiermit vorgebrachten Material über die Entstehung und Entwicklung der einzelnen Stapelrechte kann man unseres Erachtens folgende Schlüsse ziehen: Die Stapelrechte entstehen und entwickeln sich an den einzelnen Orten in der ältesten Zeit und auch noch später unabhängig voneinander zu gleicher Zeit; teilweise werden sie im Gegensatz zu bestehenden Verhältnissen verliehen; so in Wien; teilweise entwickeln sie sich aus bestehenden anderen Rechten heraus, so in Köln, Stade, Dordtrecht, Stettin und Magdeburg. Die ersten voll entwickelten Stapelrechte haben wir um 1220 (Wien); allgemeiner verbreitet ist das Stapelrecht erst nach 1250. Die Entstehungszeit des Stapelrechts fällt somit in das Ende des 12. und die erste Hälfte des 13. Jahrhunderts.

In nationalökonomischen Schriften werden nun über den wirtschaftsgeschichtlichen Grund der Entstehung des Stapelrechts zwei Ansichten vertreten: Die eine geht dahin, daß das Stapelrecht im Gegensatz zu bestehenden Verhältnissen als ein Produkt der bewußten Handelspolitik der Städte entstanden sei[60]; die andere meint, es sei allmählich aus natürlichen geographischen Verhältnissen und kaufmännischen Übungen herausgewachsen[61]. Bei dem Dunkel, das über der Entstehung des Stapelrechts liegt, läßt sich schwer entscheiden, welche Ansicht Recht hat. Die Wahrheit wird wohl in der Mitte liegen. In einzelnen Städten ist das Stapelrecht im Gegensatze zu bestehenden Verhältnissen entstanden, so in Wien, in anderen hat es sich im Anschluß an natürliche Verhältnisse und kaufmännische Übungen entwickelt, so wohl in Köln. Wir glauben, daß sich diese Frage aber stets nur

---

[60] So Below, Theorien, S. 64 ff.; Gothein, a. a. O. S. 248.
[61] Rathgen, Wörterbuch für Volkswirtschaft, 2. Aufl., Bd. II, S. 982-83; Schmoller, Umrisse, S. 74; v. Nießen, Städtisches und territoriales Wirtschaftsleben, Forsch. z. brandenb.-preuß. Gesch., Bd. 16, S. 149-50.

für das Stapelrecht einer einzelnen Stadt, niemals aber für das Stapelrecht im allgemeinen beantworten lassen wird. Darum und, weil es sich für uns nicht um die wirtschaftlichen Gründe, aus denen das Stapelrecht entstanden ist, sondern um die Frage, aus welchen Rechten das Stapelrecht entstanden ist, handelt, kann hier auf diese wirtschaftsgeschichtliche Kontroverse nicht näher eingegangen werden.

Der Inhalt des Stapelrechts in der Entstehungszeit, auf den zum Schlusse noch ein Blick geworfen sei, ist folgender. Das Wesentlichste des der Stadt zustehenden Stapelrechts ist, daß die fremden Kaufleute gezwungen werden, Markt zu halten. Wenn dies in dieser Zeit auch nur in Münden ausdrücklich gesagt wird[62], „... ibi sua deponent onera, vendentes et ementes, ut ex eo civitas emendetur ...", so liegt dieser Verkaufszwang doch auch in dem in den Wiener und Kölner Privilegien enthaltenen Verbot der Weiterfahrt über die Stapelstadt hinaus. Denn durch dieses Verbot wurde der Kaufmann, wollte er seine Waren nicht wieder mit nach Hause nehmen, gezwungen, sie in der Stapelstadt zu verkaufen. Die Wirkung war also dieselbe, wie wenn ausdrücklich Feilbietungszwang angeordnet worden wäre. Weiteres läßt sich über den Inhalt des Stapelrechts in dieser Periode nicht sagen, weil die Quellen zu dürftig sind. Die Abgrenzung des begrifflichen Inhalts des Stapelrechts kann daher erst im folgenden Abschnitt bei der Besprechung der Blütezeit des Stapelrechts erfolgen.

[62] Haltaus, a. a. O. col. 1417.

Fünfter Abschnitt.
Die Blütezeit des Stapelrechts (1250—1500).

Wie schon oben ausgeführt wurde, ist die Entwickelung des Stapelrechtsbegriffs etwa um 1250 beendet. Mit 1250 setzt die zweite Periode seiner Geschichte ein, die ungefähr bis 1500 reicht. Um 1500 gewinnt die Territorialwirtschaftspolitik größere Bedeutung. Ihre Einwirkungen auf das Stapelrecht finden z. B. Ausdruck in den um 1500 zwischen Frankfurt a. O. und Breslau schwebenden Unterhandlungen und in den großen Stapelrechtsstreitigkeiten Leipzigs und Magdeburgs. Infolge dieser Umstände nimmt das Stapelrecht vielfach einen anderen Charakter an, als es im Mittelalter hatte. Es ist daher angebracht, das Jahr 1500 als den Endpunkt der zweiten Periode der Geschichte des Stapelrechts zu nehmen.

Man kann diese zweite Periode die Blütezeit des Stapelrechts nennen. Denn einerseits hat es in ihr eine Verbreitung, wie nie wieder gehabt. Eine Unzahl von großen, mittleren und kleinen Städten besaß es, so z. B. Köln, Dordtrecht, Roermond, Koblenz, Bremen, Minden, Itzehoe, Kassel, Hamburg, Stade, Pirna, Dresden, Freiberg in Sachsen, Neustadt-Brandenburg, Berlin, Eberswalde, Oderberg, Frankfurt a. O., Breslau, Stettin, Greifswald, Belgard a. d. P., Treptow a. d. R., Danzig, Elbing, Thorn, Königsberg, Bruck a. d. Leitha, Brüx, Budweis, Judenburg, Krems, Leitmeritz, Lemberg, Ofen-Pest, Olmütz, Preßburg, Troppau, Münden, Grottkau, Bautzen, Görlitz, Bergreichenstein, Prag, Perleberg, Luckau, Guben, Zittau, Posen, Rügenwalde, Glogau, Wien, Frankenstein, Passau, Krakau, Gnesen, Stendal, Enns, Hainburg, Wels, Stein, Ingolstadt, Graz, Steyr, Lüneburg und Regensburg. Andererseits ist diese zweite Periode die Zeit, in der das Stapelrecht zu einem ausgeprägten, von anderen Rechten differenzierten Recht geworden ist, während die dritte Periode seiner Geschichte (1500—1700) in dieser Hinsicht schon eine Zeit der Entartung und des Verfalls, die Zeit der allmählichen Umwandlung des Stapelrechts in andere Rechte ist. Endlich äußert sich die Blüte des Stapelrechts auch in einem ungeheuren Reichtum von Formen[1]. Seine Folge ist, daß schwer festzustellen ist, was eigentlich der Hauptinhalt (Essentiale) des Stapelrechts gewesen ist, und was nur als Accidentale im einzelnen Falle hinzukommt. Dieser Formenreichtum hat seinen Grund darin, daß das Mittelalter eben eine Zeit der Privilegierungen war.

Die Ursache der Blüte des Stapelrechts war der ungeheure politische und wirtschaftliche Aufschwung der deutschen Städte vom 13. bis zum 15. Jahrhundert, wie er in der Entwicklung der deutschen Hanse, in der Blüte der Rheinstädte (Handel nach England), der der ostdeutschen Städte (Handel nach Polen und Rußland) und der der süddeutschen und österreichischen Städte (Handel nach Italien) seinen Ausdruck fand. Durchforscht man das ungeheure Material unserer städtischen Urkundensammlungen, so sieht man, welch' eine Entwicklung fast alle deutschen Städte vom Anfang des 13. bis zum Ende des 15. Jahrhunderts auf Grund ihrer eigenen städtischen Politik, oft bekämpft von ihren Landesherrn und den umliegenden Territorien durchgemacht haben. Die deutsche Stadt dieser Zeit steht trotzig und allein als politischer und wirtschaftlicher Machtfaktor da. Will sie in ihrem Kampfe um die Macht nicht untergehen, so muß sie sich in jeder, besonders aber in wirtschaftlicher Beziehung unabhängig machen. Ein Mittel zur Erhaltung der wirtschaftlichen Unabhängigkeit ist nun das Stapelrecht. Mit seiner Hilfe versorgt sich die Stadt mit

---

[1] Kloeden, Stellung des Kaufmanns, S. 15; Schmoller, Umrisse, S. 75—76; Ockhart, Gesetzgebung des Rheins, S. 118, 167 u. a.

den Waren, die sie selbst gar nicht oder nicht in hinreichender Menge produziert, aber doch zu ihrem Konsum oder zur Durchführung ihres Handels braucht. Somit mußte mit der Blüte der deutschen Städte notwendigerweise eine Blüte des Stapelrechts parallel gehen.

Aus diesen Ausführungen ergibt sich schon, daß das Stapel- oder Niederlagsrecht in dieser Periode im Gegensatz zu dem der Entstehungszeit einen bestimmteren Inhalt gehabt haben muß. Wie Schmoller[2] richtig bemerkt, zeigt dies auch die Tatsache, daß man in dieser Zeit vielfach einfach den Stapel, die Niederlage, die depositio mercium verliehen hat, ohne daß näher auseinandergesetzt wurde, was man darunter verstand, daß man also diesen Ausdruck für einen Begriff hielt, dessen Inhalt allgemein bekannt war und feststand. Bevor nun jedoch näher auf diesen Inhalt eingegangen wird, sei eine Frage untersucht, die vorher zu beantworten durchaus notwendig ist, nämlich die alte Streitfrage: Ist Stapelrecht und Niederlagsrecht dasselbe oder nicht?

Der Streit über diese Frage ist so alt, wie die Stapelrechtsliteratur[3]. Trotzdem hat sie eine hinreichende Behandlung auch in neuerer Zeit noch nicht gefunden. Denn in der nationalökonomischen Literatur hat man mehr auf die zweifel-

---

[2] Umrisse, S. 75.
[3] Vgl. z. B. Pfeffinger, a. a. O. S. 199; Dalberg, Geschichte der Erfurter Handlung, S. 5; Eichhorn. Deutsches Privatrecht, S. 917; Klüber, Öffentl. Recht des Deutschen Bundes, S. 565; Lexis in Schönbergs Handbuch, II. Bd., 2. Halbbd., S. 299; Falke, Gesch. des deutschen Handels, S. 244; Derselbe, Gesch. des deutschen Zollwesens, S. 143; Mittermaier, a. a. O. Bd. II, S. 849; v. Nießen, a. a. O. S. 132; Nübling, a. a. O. S. 3; Ockhart, a. a. O. S. 166—67, Stieda im Handwörterbuch, Bd. VI, S, 993; Leuber, Disquisitio planaria, n. 490 f., n. 1491 f.; Consilia Marpurgensia, Vol. IV, S. 288; Beseler, Deutsches Privatrecht, S. 1033; Heinholdt, a. a. O. S. 8: Kühlewein, Jus stapulae, S. 7; Limnaeus, Capitulationes Imperatorum, S. 706; Marquard, De jure mercatorum; S. 234 ff.; Mevius, Jus Lubecense, S. 640; Noack, Stapelrecht Mindens, S. 4; Philippi, Beiträge zur Geschichte und Statistik der deutschen Messen, S. 19; Windscheid, Commentatio de stapula, S. 44.

los gleichen wirtschaftlichen Folgen von Stapel- und Niederlagsrecht, als auf etwaige rechtliche Unterschiede zwischen beiden geachtet und sich meist damit begnügt, ohne Gründe anzugeben, welche Ansicht man teilt.

Der Stand der Kontroverse ist zur Zeit folgender: Nach einer Ansicht kennt das Niederlagsrecht im Gegensatz zum Stapelrecht keinen Zwang zur Verkaufsstellung der Waren, sondern nur einen solchen zum Niederlegen zwecks Erhebung von Abgaben[4]. Nach einer anderen Ansicht ist das Niederlagsrecht, das auch jus emporii[5], Gretrecht, Einlagerecht genannt wird, ein über das Stapelrecht hinausgehendes Recht. Es schließt nach ihr außer dem Verkaufszwang noch das Verbot des Gästehandels in sich[6]. Nach einer dritten, unseres Erachtens richtigen Ansicht ist endlich Stapelrecht und Niederlagsrecht dasselbe und ist jus emporii ein erst von der Jurisprudenz des 16. und 17. Jahrhunderts gebildeter Begriff[7].

Daß ein jus emporii, ein Gretrecht und ein Einlagerecht nicht existiert haben, ist schon im II. Abschnitt ausgeführt worden. Diese Worte sind in den Quellen nicht bekannt und werden nur von juristischen Schriftstellern angewandt, die einen zusammenfassenden Ausdruck für ein mit dem Verbot des Gästehandels verbundenes Stapelrecht suchten und hierfür die erwähnten Ausdrücke bildeten. Aber nicht nur nicht quellenmäßig sind diese Worte, sondern es hat auch nicht etwa besondere Stapelrechtsabarten gegeben, denen man nachträglich diese besonderen Namen zur wissen-

---

[4] So z. B. Ockhart, a. a. O. S. 166—67; Falke, Zollwesen, S. 143, Gesch. des deutschen Handels, S. 244; Noack, a. a. O. S. 5.

[5] Nach gewissen, naturrechtlichen Juristen des 17. und 18. Jahrhunderts ist das jus emporii aber das Recht, mit Ausländern und Fremden frei und ungehindert zu Wasser und zu Lande zu handeln, so z. B. Kühlewein, a. a. O. S. 7; Heinholdt, a. a. O. S. 8.

[6] So z. B. Lexis, a. a. O. S. 299; Inama-Sternegg, Wirtschaftsgeschichte, Bd. III, S. 259; Mittermaier, a. a. O. Bd. II, S. 849; Nübling, a. a. O. S. 3; Roscher-Stieda, a. a. O. S. 148, u. a.

[7] So z. B. Kloeden, Stellung, S. 15; Kriele, a. a. O. S. 104, 182; Kurz, Österreichs Handel, S. 59; Mäuß, a. a. O. S. 149; Mevius, a. a. O. S. 640.

schaftlichen Unterscheidung gegeben hat. Das wird unten bei der Darstellung des Inhalts des Stapelrechts noch näher dargelegt werden. Hier sei beispielshalber nur darauf hingewiesen, daß z. B. in Itzehoe, das ein Niederlagsrecht, also ein sog. jus emporii hat, das doch das Verbot des Gästehandels in sich schließen soll, ausdrücklich den Gästen erlaubt ist, mit einander zu handeln [8] (quod omnes naute . . mercimonia sua ibidem deponere debent et ad emendum civibus et hospitibus generaliter exhibere . . .).

Daß Stapel- und Niederlagsrecht dasselbe gewesen ist, geht, abgesehen davon, daß z. B. in einer Notifikation des Kaisers Maximilian an die Stadt Hamburg 1518 von „Stapel oder Niederlage" gesprochen wird [9], und daß man doch wahrscheinlich in einer Zeit, die im vollen Gebrauch des Rechtes war, die termini technici richtig gehandhabt hat, auch aus dem Inhalt der verschiedenen über Stapel- und Niederlagsrecht handelnden Urkunden hervor [10]. So haben wir z. B. in Dordtrecht, das einen Stapel hat, Feilbietungszwang, ebenso aber auch in Greifswald, Stettin, Frankfurt a. d. O. und Wien, alles Orte, die Niederlagen haben.

Der Irrtum, daß Stapel- und Niederlagsrecht etwas Verschiedenes sei, ist wohl im wesentlichen darauf zurückzuführen, daß einmal in manchen Orten, so z. B. in Berlin [11] und Frankfurt a. O., die Niederlagsgebühr, die bisweilen auch kurz „Niederlage" genannt wurde, zeitweilig derartig in den Vordergrund getreten ist, daß die Zahlung der Gebühren der alleinige Inhalt des Niederlagsrechts zu sein scheint, und daß sodann nach Abkommen des Feilbietungszwanges im 17. Jahrhundert in manchen Städten eine Gebühr gefordert wurde, die ursprünglich eine Ablösungssumme für die Befreiung vom Feilbietungszwange war und daher

---

[8] Hasse, Schleswig-Holstein-Lauenburgische Regesten und Urkunden, Bd. II, S. 199; Weißenborn, Elbzölle und Elbstapelplätze, S. 69.
[9] Riedel, II. Hauptteil, Bd. 6, S. 291 n. 2483.
[10] Vgl. das unten in Anmerkung 32 beigebrachte Quellenmaterial.
[11] Berliner Stadtbuch, S. 12.

auch kurzweg Niederlage genannt wurde. In Frankfurt a. O. wurde nun außerdem eine Zeitlang, so in der Teymlerschen Zollrolle, der Name Niederlage sogar auf einen Zoll übertragen, den die zur Niederlage Verpflichteten noch außer dem Niederlagsgelde zu zahlen hatten, wodurch natürlich der Eindruck, daß das Niederlagsrecht nur zur Gebührenzahlung verpflichtete, noch erhöht wird. Daß das aber irrig ist, und daß das Niederlagsrecht vielmehr auch an diesen Orten zur Feilbietung zwang, zeigen viele andere Quellen, so z. B. in Frankfurt die Quellen aus dem Ende des 15. Jahrhunderts [12].

Daß übrigens so oft bei der Verleihung der Niederlagsrechte in den Verleihungsurkunden nichts von dem Feilbietungszwange oder dem Inhalte des Rechts überhaupt gesagt wird, kommt auch daher, daß vielfach die näheren Bestimmungen darüber, wie die Güter niederzulegen sind, und wie lange sie zum Verkauf gestellt werden müssen, zusammen mit der Regelung des ganzen Marktverkehrs in noch nicht veröffentlichten Ratsverordnungen getroffen sind. So hat z. B. Naudé aus den Akten des Staatsarchivs festgestellt [13], daß in Stettin eine Ratsverordnung von 1467 die Feilbietung der Waren näher regelte. Auch in Pirna wurde um 1450 eine Ratsverordnung zur Ausführung des Niederlagsrechts erlassen [14]. Die Nichterwähnung des Feilbietungs-

---

[12] Darüber ist besonders zu vergleichen van Nießen, a. a. O. S. 109 ff., der nachweist, daß unter „Niederlage" in der Teymlerschen Zollrolle der alte 1324 an die Stadt Frankfurt gekommene Einfuhrlandzoll verstanden wird, und wie der Übergang des Namens Niederlage auf diesen zu erklären ist. Daß aber auch in Frankfurt a. O. es sich um ein Stapelrecht handelt, ergibt z. B. eine Quelle von 1425 (Stadtbuch: Riedel, I. Hauptteil, Bd. 23, S. 179): „Was man von fremden wynen ... her brenget, dy sal man nicht schiffen us eyme schiffe in das ander by der ratmanne buse, sunder man sal en brengen yn der stad kelre unde dar geben syne gerechtigkeit; wil her denne den wyn schyffen unde us dem kelre brengen, das mach her thun unde steyt czu ym." Der Wein mußte also im städtischen Keller feilgeboten werden.

[13] A. a. O. S. 31.

[14] Cod. dipl. Sax. reg., II. Teil, Bd. 5, S. 466—67: „Zum ersten, ein jeglich gast, der getreide bringet uff der Elben, der sol mit seinem

zwanges in manchen vom Niederlagsrecht handelnden Quellen ist also kein Beweismittel dafür, daß dieses Recht den Feilbietungszwang nicht kennt und sonach etwas anderes ist als das Stapelrecht.

Da demnach Stapelrecht und Niederlagsrecht nur verschiedene Ausdrücke für denselben Begriff sind, so kann im folgenden das Material zur Feststellung dieses Begriffs auch aus den vom Niederlagsrecht handelnden Quellen entnommen werden.

Was nun diesen Begriff ausmacht, was also der Inhalt des Stapelrechts im Einzelnen ist, soll in der Weise dargelegt werden, daß zuerst die von uns aus dem Quellenmaterial gewonnene Begriffsbestimmung gegeben und diese sodann im Einzelnen durch Quellenbeweise begründet wird. Hierbei wird zugleich auf das Verhältnis des Stapelrechts zu anderen Rechten und auf seine Verbindung mit ihnen eingegangen werden.

Bevor jedoch an die nähere Begründung unserer Ansichten gegangen wird, sei noch ein Wort zur Verhütung von Mißverständnissen gestattet. Geleugnet wird gegnerischen Ansichten gegenüber selbstverständlich zweierlei nicht. Einmal nämlich, daß es Stapelrechte gibt, die mit Umschlagsrechten, Verbot der Weiterfahrt, Abgabenzahlung und Straßenzwang verbunden sind, und daß es an sich vielleicht nicht falsch ist, solche mit derartigen Rechten verbundene Stapelrechte als besondere Arten von Stapelrechten aufzufassen. Sodann, daß es Stapelrechte von wesentlich verschiedenem Inhalt und Zweck gegeben hat. Wir meinen aber: Will man überhaupt den Begriff eines Rechts, das in den verschiedensten und vielfachsten Erscheinungsformen vorkommt, erfassen, so muß man untersuchen, was allen

---

schiffe zustoßen an die ufer dem Schiffthore am nechsten als er kan oder mag ... Wenn er ufs ufer kommen ist, so soll er den marckt halten bis an den dritten tag und vor dem dritten tage keinem gaste weder wenig noch viel verkaufen sol und kein gast in der zeit vorkauffen sol..." Übrigens ist diese Quelle auch ein Beweis dafür, daß mit der Niederlage Feilbietungszwang verbunden ist.

diesen Erscheinungsformen gemeinsam ist; man muß also das Allgemeine vom Besonderen trennen und kann dann nur jenes als zum Begriff gehörig gelten lassen. Eine derartige Feststellung des Begriffes „Stapelrecht" ist aber auch besonders darum berechtigt, weil schon dem Mittelalter ein solcher Begriff, dessen Inhalt als allgemein bekannt vorausgesetzt wurde, nicht fremd war. Das zeigt ja deutlich die Tatsache, daß häufig der „stapel" und die „niderlage" ohne nähere Inhaltsbestimmung verliehen wurde. Schon aus diesem Grunde muß versucht werden, den Begriff des Stapelrechts festzustellen.

Das Stapel- oder Niederlagsrecht ist in der Zeit von 1250—1500 das Recht einer Stadt, von allen oder bestimmten, an ihr vorbei- oder sie durchfahrenden Kaufleuten verlangen zu können, daß sie ihre Fahrt eine bestimmte Zeit lang einstellen, ihre Waren ganz oder teilweise niederlegen und zum Verkauf stellen. Seine Verletzung durch die Verpflichteten zog Bestrafung nach sich[15]. **Nicht zum Begriff des Stapelrechts gehört 1. das Umschlagsrecht, d. h. das Recht, verlangen zu können, daß die auf fremden Fahrzeugen nach der Stadt gebrachten Waren dort auf Fahrzeuge der Bürger zum Weitertransport**

---

[15] Vgl. über den Begriff des Stapelrechts: Stieda, a. a. O. S. 992; Naudé, a. a. O. S. 15; Gothein, Westdeutsche Zeitschr. für Gesch. und Kunst, Bd. 14, S. 248; Holtze, Berliner Handelsrecht, S. 6; Kriele, a. a. O. S. 99, 182, Anm. 1; Lindner, Hanse, S. 20; Rathgen im Wörterbuch der Volkswirtschaft, 2. Aufl., II, S. 982—83; Born, a. a. O. S. 28—29; Haltaus, a. a. O., col. 1730; Kloeden, Oderhandel, I, S. 39, 41; Mayr, Handelsgeschichte, S. 121—22; Das Staffelrecht der Stadt Mainz, S. 7; Zepper, a. a. O. S. 118 ff.; Below, Städtewesen, S. 102—3; Bergius, Policeymagazin, Bd. VIII, S. 198; Besold, Thesaurus practicus, S. 889, 1129; Cellarius, a. a. O. S. 21; Fritsch, Opuscula varia, S. 31; Jargow, a. a. O. S. 289—90; Werdenhagen, a. a. O., Bd. III, S. 558; Loccenius, De jure maritimo, S. 954; Stypmann, Jus maritimum, S. 611, und die oben in Anmerkung 3—7 zitierten Schriftsteller.

umgeladen werden; 2. das Verbot der Weiterfahrt über die Stapelstadt hinaus: 3. das Verbot des Handels der Gäste untereinander; 4. die Erhebung von Abgaben (Niederlagsgeld); 5. der Straßenzwang; 6. das jus constringendi, die Rang- und Reihefahrt und das Krahnrecht.

1. Daß das Stapelrecht das Recht einer Stadt ist, ist bereits oben im III. Abschnitt dargelegt worden.

2. Unterworfen sind dem Stapelrecht Kaufleute, die an der Stadt vorbei- oder sie durchziehen. Wer in den einzelnen Städten zur Stapelhaltung verpflichtet ist, das ist sehr verschieden. Bald sind es alle Kaufleute, die die Stadt durchfahren, so z. B. in Münden 1246 [16] (Vecturae . . . quas ex omnibus partibus ad civitatem contingerit accedere memoratam) und in Kassel 1336 [17] (alle kouflüte, die darin kommen), bald die auf bestimmten Straßen oder Flüssen fahrenden, so z. B. 1299 in Dordtrecht alle, die „de Marwe of de Lecke neder kommen [18]", bald alle Kaufleute, die aus dem Auslande oder einem bestimmten anderen Lande oder aus einer bestimmten Himmelsrichtung kommen [19], bald alle, die in

---

[16] Gengler, Stadtrechte, S. 502.

[17] Gengler, C. j. m. Germ., S. 469; vgl. auch noch Prag 1304 bei Rößler, Deutsche Rechtsdenkmäler in Böhmen, S. LXXXVII.

[18] v. d. Wall, a. a. O. S. 100; vgl. ferner Roermond (H. U.B., Bd. IV, Nr. 428, Anm. 2) „alle, die den Maasstrom auf- und abwärts fahren"; Neustadt-Brandenburg (Riedel, I. Hauptteil, Bd. 9, S. 242) „wer durch die Archen und schiffährdt leggen und schiffen will"; Eberswalde (Riedel, I. Hauptteil, Bd. 12, S. 288) „Naves omnes que per ascensum vel descensum Odere in inferiori Vinow ad portum erunt applicature"; Treptow a. d. R. (P. U.B., Bd. IV, Nr. 2080) „omnes Regham ascendentes vel descendentes"; Stettin (P. U.B. Bd. II, Nr. 1282): die die Oder hinauf- und hinabfahrenden Schiffer; Itzehoe (Hasse, a. a. O., Bd. II, S. 199 f.): „omnes naute de Albia et Wilstria Sturiam sursum usque Etseho cum navibus suis pervenientes".

[19] So in Thorn (H. U.B., Bd. V, Nr. 571): „alle kouflutte, de bûssen unsirm (des Hochmeisters) landen gesessen sint, die unsir land mit irre kofenschacz vorsuchen wellen"; in Krakau (H. U.B. Bd. IV, Nr. 981, Anm. 1): alle nach Polen kommenden; in Wien (Geschichtsquellen, I. Abt., Bd. I, S. 13 u. 49) „cives de Suevia vel Ratispona vel Patavia..."

das Ausland oder in ein bestimmtes Land wollen[20]. Es kommt sogar ausnahmsweise auch vor, daß nur die Bürger einer einzigen Stadt zur Stapelhaltung verpflichtet sind[21]. Gemäß dem mittelalterlichen Privilegiensystem sind dann auch andererseits wieder dort, wo alle oder eine bestimmte Art von Kaufleuten zur Stapelhaltung verpflichtet sind, gewisse Kaufleute oder Arten von solchen besonders und ausdrücklich davon befreit. Solche Exemtionen gelten dann wieder entweder für alle Arten von Waren oder bestimmte Arten oder für Bruchteile[22].

3. Stapel zu halten waren die Kaufleute verpflichtet entweder mit allen[23] oder mit bestimmten Waren[24] oder mit Teilen davon[25].

[20] So in Frankfurt a. O.: alle nach dem Osten gehenden; in Dresden (Cod. dipl. Sax., II. Hauptteil, Bd. 5, Nr. 275) alle nach Böhmen gehenden; in Freiberg in Sachsen (ebendort, Bd. 12, Nr. 66) ebenfalls die nach Böhmen gehenden.

[21] So sind in Kassel 1316 (Gengler, c. j. m. Germ., S. 469, Nr. 3 nur die Mündener zur Stapelhaltung verpflichtet. Das war eine Retorsionsmaßregel. Schon 1336 wurde diese Verpflichtung übrigens weiter ausgedehnt, vgl. Anm. 17.

[22] In Dordtrecht waren z. B. die Bürger von Zierikzee, Middelburg und Putten eximiert (H. U.B., Bd. II, Nr. 56 u. 720, Bd. III, Nr. 323, v. d. Wall, a. a. O. S. 127, 190 ff.); in Frankfurt a. O. Guben und Sommerfeld (Kloeden, Oderhandel, I, S. 44); in Oderberg Berlin-Köln und Frankfurt a. O. (Riedel, I. Hauptteil, Bd. 12, S. 350, 485); in Graz die, die nur „res non vendibiles pro necessitate et familia domus sue" mit sich führten (Gengler, Stadtrechte, S. 169); in Stettin und Hamburg die brandenburgischen Untertanen (Riedel, 2. Hauptteil, Bd. 1, S. 310, Bd. 6, S. 291).

[23] So z. B. in Graz (Gengler, Stadtrechte, S. 169): „omnium rerum, que vendi solent"; in Kassel 1336 (Gengler, C. j. m. G., S. 469); in Dordtrecht (H. U.B., Bd. III, Nr. 323); in Krakau (H. U.B., Bd. V, Nr. 316); in Stettin (P. U.B., Bd. II, Nr. 1282).

[24] So in Judenburg (Bischof, Österreich. Stadtrechte, S. 47) Eisen; in Leitmeritz (Bischof, S. 72) Früchte, Getreide, Salz, Fische, Wein usw.; in Frankenstein (Tzschoppe-Stenzel, Urkundensammlung für Schlesien und Oberlausitz, S. 197) Blei und Salz; in Steier (Winter, Beitr. zur Rechtsgesch. ober- und niederösterreich. Städte, S. 42) Holz und Eisen; in Hainburg (Winter, S. 111) Salz; in Greifswald (H. U.B., Bd. I, Nr. 740) Holz, Pech, Asche; in Hamburg (H. U.B., Bd. VIII,

4. Die Waren mußten eine bestimmte Zeit niedergelegt werden. Stapelrechte, bei denen die Verpflichtung bestand, die Waren auf unbestimmte Zeit niederzulegen, d. h. bis sie entweder verkauft waren oder bis erlaubt wurde, die Weiterfahrt anzutreten, sind als Ausnahmen anzusehen. Sie kommen vor z. B. in Kassel und Bremen [26]. Gewöhnlich war dann aber die Stapelhaltung auf unbestimmte Zeit nur für einen Teil der Waren angeordnet [27]. Die Bestimmung, daß die Waren auf unbestimmte Zeit Stapel halten müssen, kommt natürlich im praktischen Erfolg auf das Verbot der Weiterfahrt hinaus. Jedenfalls ist eine solche Bestimmung nur eine Ausnahmebestimmung. Die Zeit für die Stapelhaltung betrug gewöhnlich drei Tage [28]. Aber auch kürzere und längere Fristen kommen vor, letzteres besonders in holländischen Städten [29]. In manchen Städten ist in der Verleihungsurkunde eine Frist nicht angegeben. Dieselbe wurde dann wahrscheinlich durch Verordnungen des Rats oder der buersprake festgesetzt. So war es z. B. in Stettin [30].

Nr. 974) Korn; in Thorn (H. U.B., Bd. V, Nr. 571) „wachs und allerley eichhornwerk, marder, lassiczen, olsten bewirwammen, otters und sulchirleye rûweware, allerley koppir, bley, ysen, und queksilber, zyde, pfeffir, safferan, ingeber und semeliche koufenschacz und crûde, ungemunczet silber und golt."

[25] So z. B. in Bremen (H. U.B., Bd. IV, Nr. 527) 1/3 des Kornes; 1316 in Kassel (Gengler, C. j. m. Germ., S. 469) 1/2 der Waren; anders in Kassel aber schon 1336 (vergl. Anm. 23).

[26] Gengler, C. j. m. G., S. 469: „quousque eandem vendere valeant"; H. U.B., Bd. IV, Nr. 527.

[27] So in Kassel für 1/2, in Bremen für 1/3 der Stapelgüter.

[28] So z. B. in Neustadt-Brandenburg (Riedel, I. Hauptteil, Bd. 9, S. 242); in Pirna (Cod. dipl. Sax. reg., II. Hauptteil, Bd. 5, Nr. 95); in Kassel 1336 (Gengler, C. j. m. G., S. 469, Nr. 5); in Steier (Winter, a. a. O. S. 42); in Posen (Wuttke, Städtebuch des Landes Posen, S. 38).

[29] Eine kürzere Frist kommt vor in Brüx, zwei Tage (Gengler, C. j. m. G., S. 424), in Graz, für gewisse Waren ein Tag (Gengler, Stadtrechte, S. 169). Eine längere Frist haben wir z. B. in Dordtrecht, acht und vierzehn Tage (H. U.B., Bd. II, Nr. 56, Bd. III, S. 209, Anm. 2, Bd. V, Nr. 488, Anm. 2); in Roermond, acht Tage (H. U.B., Bd. IV, Nr. 428, Anm. 2); in Prag, fünf Tage (Rößler, a. a. O. S. LXXXVII).

[30] Naudé, a. a. O. S. 31.

5. Die Fahrt mußte unterbrochen, die Waren niedergelegt und zum Verkauf gestellt werden. Diese drei Erfordernisse müssen vorliegen, wenn die Stadt ein Stapelrecht haben soll. Das geht aus den Quellen deutlich hervor. Die Weiterfahrt mußte selbstverständlich unterbrochen werden, damit die Waren niedergelegt werden konnten. Trotzdem wird es in den Quellen oftmals ausdrücklich gesagt[31]. Daß die Waren nach der Fahrtunterbrechung niedergelegt u n d zum Verkauf gestellt werden müssen, geht z. B. aus den Quellen für Brüx, Posen, Neustadt-Brandenburg, Dresden, Pirna, Münden, Kassel, Wien, Itzehoe, Hamburg, Graz, Hainburg, Steier, Lüneburg und Thorn deutlich hervor[32].

[31] So z. B, in Prag (Rößler, a. a. O. S. LXXXVII), „ut hospites stare debent et sua mercimonia ibidem deponere..." Sehr bezeichnend dafür ist auch ein Vertrag zwischen Riga und Polozk von 1406 (H. U.B., Bd. V, Nr. 726). In ihm bedingen sich beide Parteien freie Vorbeifahrt an der Stadt ihres Vertragsgegners aus, „et sy den dat wy edder unse nakőmelinge heven tho Ploskow edder de Ryggere tho Ryge eine nederlage makende werden, de schal men holden beidenthalven, alse ghemaket werden". Hier wird also freie Vorbeifahrt und Niederlagehalten in einen Gegensatz gebracht, so daß mit der Errichtung einer Niederlage der Vertrag, der freie Vorbeifahrt garantiert, ohne weiteres aufgehoben ist.

[32] a) Brüx (Gengler, C. j. m., S. 424) „... debeant et exponere ipsa mercimonia venalia in eadem, et quod teneant eadem exposita per duos dies, et si ipsa infra prefatos duos dies vendiderint, bene quidem, si autem non potuerint vendere infra prefatum duorum dierum spatium, tunc deportandi ea, quocunque alias voluerint, plenam et liberam habeant facultatem..." b) Posen (Wuttke, Städtebuch, S. 38): „... mercimonia et res locare et deponere inibique vendere..." c) Neustadt-Brandenburg (Riedel, I. Hauptteil, Bd. 9, S. 242): „... der soll den ersten biß an dritten sonnen schin die nydderlage und feylunge halden..." d) Dresden (Cod. dipl. Sax. reg., II. Hauptteil, Bd. 5, S. 207—8): „... das sie eine nidderlage alles kouffmanschaczs... haben und halden mogen mit gewohnheiten und frieheiten und gerechtigkeiten, also niderlagen gewohnheit frieheit und gerechtigkeit haben sollen und inmassen hirnach volget: Wellich koufmann... der salcz, fische, heringe, honnig ader andern kouffmanschatz durch unser lande und furstentumb ins land zu Beheim furen will, der sal sollichen sinen kouffmanschatz uff Dresden brengen und in der benanten unser stat niderlage... halden und haben... Wurde aber der kouffmann trugen kouffmansschatz... gein Dresden brengen... so sal itzlicher wagen... mit sollichem trugen kouffmanschatze gute beladen einen nuwen groschen zu

Sie sind übrigens zugleich Belege dafür, daß das Niederlagsrecht auch den Feilbietungszwang in sich schließt und somit dasselbe wie das Stapelrecht ist.

6. Entzog sich der Verpflichtete der Stapelhaltung, so wurde er bestraft. Entweder verfiel sein Stapelgut oder doch wenigstens ein Teil der berechtigten Stadt oder er hatte eine, mitunter sehr beträchtliche Buße zu zahlen[33]. Strafe

siner verrechtung geben und domit uff und nyderladens, dartu margkt haldens obirtragen sin..." e) Pirna (Cod. dipl. Sax. reg., II. Hauptteil, Bd. 5, S. 466—67): „so soll er (der gast) den marckt halten bis an den dritten tag..." f) Münden (Halthaus. a. a. O. col. 1417): „Vecturae etiam... ibi sua deponent onera vendentes..." g) Kassel (Gengler, C. j. m. G., S. 469). α) Urkunde von 1316 „... quod... oppidani... civitatis Mundin... medietatem suarum rerum... deponant, deposita tam diu maneant, quousque eandem vendere valeant..." β) Urkunde von 1336 „daz alle kouflûte... mit irer koufmanschaft drei tage bliben solen, mit der bescheidenheit, daz jederman die selben drei tage darin koufen und verkoufen müge..." h) Wien (Geschichtsquellen, I. Abt., Bd. I, S. 125) Urkunde von 1351 „... das aller káufschatz... da... nidergelegt, auf gepunden und verchauft werde un nindert anderswo..." i) Itzehoe vgl. Anm. 8. k) Hainburg (Winter, a. a. O. S. 110): „... niderlegen und daselbs verkaufen sullen. l) Graz (Gengler, Stadtrechte, S. 169): „... deposicionem omnium rerum, que vendi solent..., ... si eas non vendiderit... ibidem detineri non debet invitus..." m) Hamburg (Lünig, Part. sp. Cont. IV, Bd. I, S. 956 f.)... alles... abgelegt, verkauft und verhandelt werden solle..." n) Steier (Winter, a. a. O. S. 42) „... daz sich der hingeber (des holzes oder eisens)... soll 3 tag enthalten und solches die burger umb gemeinen kauf lassen werben..." o) Lüneburg (Haltaus, col. 1730) „... per certos dies ad vendendum ibidem merces suas stare..." p) Thorn (Toeppen, Akten der Ständetage, Bd. IV, S. 603): „... sundern doselbist iren marckt und nedirloge halden sullen, kouffende und verkouffende adir czu vorwechseln..."

[33] Verlust der Waren z. B. in Thorn (H. U.B., Bd. V, Nr. 571, Toeppen, a. a. O. Bd. IV, S. 603); in Stettin (H. U.B., Bd. VIII, Nr. 750 ; in Dresden (Cod. dipl. Sax. reg., II. Hauptteil, Bd. 12, Nr. 302 b, 304 b); Verfall des Gutes und 2 Pfund Gold als Buße in Wien (Geschichtsquellen, I. Abt., Bd. I, S. 65); 100 Mark lötigen Goldes, das zur Hälfte dem Kaiser, zur Hälfte der Stadt zufällt, in Hamburg (Lünig, Part. sp. Cont. IV., Bd. 1, S. 956 f.); Verlust von Schiff und Ladung in Dordtrecht (v. d. Wall, S. 239). Dort soll übrigens das Schiff auf den Richtplatz geschleppt, gepfählt und der Verwitterung überlassen worden sein (Gothein, a. a. O. S. 249).

traf auch bisweilen den Bürger, der sich mit einem Stapelbrecher einließ [84].

7. Die zu 1—6 erwähnten Punkte gehören zum Begriff des Stapelrechts. Sind sonst noch Befugnisse in den Stapelprivilegien verbrieft, so sind dies besondere Rechte, die den Städten verliehen sind; nicht aber gehören sie zum Begriff des Stapelrechts. Dies schon darum nicht, weil sie immer nur einzelnen, nicht allen Stapelstädten zustehen. Die mit diesen Rechten verbundenen Stapelrechte sind aber ferner auch nicht besondere Arten des Stapelrechts. Beides wird im folgenden gezeigt werden [85].

a) Das Umschlagsrecht, d. h. das Recht, verlangen zu können, daß die auf fremden Wagen oder Schiffen herbeigeführten Waren auf Fahrzeuge, die den Bürgern der Stapelstadt gehören, umgeladen werden [86], ist ein besonderes Recht und gehört nicht zum Begriff des Stapelrechts. Denn es ist ursprünglich im allgemeinen nur am Rhein und in Holland [37] üblich; in Ostdeutschland kommt es nur in Pirna vor [38]. Ob es in Holland als zum Begriff des Stapelrechts gehörig aufgefaßt wird, wie dies aus einer Dordtrechter Quelle hervor-

---

[34] So 1497 in Köln (Stein, Aktenstücke, Bd. II, S. 655). Hier bestanden überhaupt sehr rigorose Strafbestimmungen. Mit Stapelbrechern wurden alle Handelsbeziehungen abgebrochen. Den Bürgern war bei Verlust ihres Gutes und eventuell des Bürgerrechts sogar der Verkehr mit ihnen untersagt. Schärfere Strafen, nämlich Leibesstrafen, kamen nur noch im Stapelkampf zwischen Thorn und Krakau vor.

[35] Vgl. hierzu besonders Stieda, a. a. O. S. 993; Born, a. a. O. I, S. 28, 29, II, S. 10; Eckert, Schiffergewerbe, S. 43; Hippel, Königsberger Stapelrecht, S. 7—8, 12; Dalberg, Erfurter Handlung, S. 5, 18; Eichhorn, a. a. O. S. 917; Lexis, a. a. O. S. 299; Inama-Sternegg, a. a. O. Bd. III, S. 258; Mittermaier, a. a. O. Bd. II, S. 848; und die in Anmerkung 3—7, 15 zitierten Schriftsteller.

[36] Stieda, a. a. O. S. 993 nennt es ein Recht am Warenverkehr.

[37] In Köln, Mainz, Speyer sicher in der dritten Periode, vielleicht schon in der zweiten. Es beruht hier auf einer Umbildung des Stapelrechts; in Dordtrecht heißt es schon 1355: „... ende vermeten op eenen andern bodem ..." (H, U.B., Bd. III, Nr. 323).

[38] Cod. dipl. Sax. reg., II. Hauptteil, Bd. 5, Nr. 95, S. 91, „... alze an den dritten tag gelegin und obirschift ... habin .."

zugehen scheint³⁷ (... dat alle goed ... binnen ... Dordtrecht comen sal ende rechten stapel aldaer houden alse coern ende zout ende dat sel men aldaer vercopen ende vermeten op eenen andren bodem ...), kann dahingestellt bleiben. Denn selbst wenn dies der Fall ist, so ist dadurch seine Zugehörigkeit zum Begriff „Stapelrecht" noch nicht erwiesen, da es sich bei der Verbindung des Umschlagsrechtes mit dem Stapelrechte in der Zeit von 1250—1500 immer nur um vereinzelte Fälle handelt, und dieser Definition somit keine allgemeine Bedeutung zukäme. Gegen die von uns vertretene Ansicht kann auch nicht angeführt werden, daß in späteren Zeiten unter Stapelrecht in den rheinischen Gegenden ein Recht verstanden wurde, das nur Umschlagsrecht war. Denn die Sache liegt so: Ursprünglich waren in Köln, Mainz und Speyer, die hier in Betracht kommen, echte Stapelrechte mit Umschlagsrechten verbunden gewesen. Das eigentliche Stapelrecht hat sich dann mit der Zeit verloren. Der Name „Stapelrecht" ist dagegen auf dem Umschlagsrecht haften geblieben³⁹.

b) Nahe verwandt in seinem wirtschaftlichen Zweck ist das Verbot der Weiterfahrt mit dem Umschlagsrecht. Auch dieses Verbot gehört nicht zum Begriff des Stapelrechts, obwohl es schon in der Entstehungszeit, so 1221 in Wien⁴⁰ und 1259 in Köln⁴¹, mit ihm verbunden vorgefunden wird, und wir aus dem Jahre 1452 eine Definition des Wortes „deponere" gleich „ponere, vendere et ulterius non educere" haben⁴². Der Grund dafür ist, daß nur ein kleiner Teil der Städte es hat und die angeführte Definition in einem

---

[39] Insofern ist also die Ansicht Krieles (a. a. O. S. 101, 183), daß das Umschlagsrecht ein verkümmertes Stapelrecht sei, richtig. Näheres über diese Entwicklung im VI. Abschnitt.

[40] Geschichtsquellen, I. Abt., Bd. I, S. 13: „Nulli civium de Swevia vel de Ratispona vel de Patavia liceat intrare ... in Ungariam."

[41] Vgl. oben IV. Abschnitt, Text und Anm. 38, 39.

[42] Streit Preußens mit Polen (H. U.B., Bd. VIII, Nr. 164): „Dawidder meyneten die Polan, in dem artikel stünde das wort ‚depositum' und glossierten das also: deponere est, rem in locum illum ponere, ibi vendere et ulterius non educere."

Streite gebraucht wird, also auch damals sicher nicht als unanfechtbar galt. Im Gegenteil wurde ihre Richtigkeit sehr bestritten. Das Verbot der Weiterfahrt besteht z. B. in Köln, Krakau, Thorn, Wien [43], zeitweilig auch in Dordtrecht [44]. Dagegen ist die Weiterfahrt ausdrücklich gestattet z. B. in einigen Dordtrechter Quellen (Koerboek von 1401) [45], in Steier, Brüx und Pirna [46]. Andere Privilegien schweigen davon. Es ist aber anzunehmen, daß zum mindesten dort, wo eine bestimmte Niederlagszeit festgesetzt war, die Weiterfahrt erlaubt war; denn was hätte sonst diese Festsetzung für einen Zweck? Eine bestimmte Zeit ist aber in den meisten Städten vorgeschrieben. In verschiedenen Städten, in denen das Verbot der Weiterfahrt bestand, wie in Frankfurt a. O. und Krakau, ist dieses übrigens erst das Produkt einer späteren Entwickelung [47], ist also nicht als Bestandteil des Stapelrechts verliehen worden.

c) Ebensowenig, wie das Umschlagsrecht und das Verbot der Weiterfahrt, gehört das Verbot des Gästehandels zum Begriff des Stapelrechts oder einer Art des Stapelrechts [48].

---

[43] Lacomblet, Rhein. Urkunden, Bd. III, Nr. 547; H. U.B., Bd. V, Nr. 313, 316, 571; Fischer, Geschichte des deutschen Handels, Bd. II, S. 299; vgl. ferner Anm. 40—42.

[44] In Dordtrecht war der Rechtszustand sehr wechselnd, weil dauernd heftige Kämpfe bestanden, die Befugnisse Dordtrechts daher bald ausgedehnt, bald geschmälert wurden.

[45] H. U.B., Bd. V, Nr. 488, Anm. 2, „die sal zinen stapel Tordrecht houden achte daghen leggende, eer hi varen mach..."

[46] a) Steyer (Winter, a. a. O. S. 42): „... quod si cives iidem infra dictum tempus merces ipsas emere non curarint, liceat venditori cum rebus suis impedimento remoto quo voluerit declinare..."; b) Brüx (Gengler, C. j. m. G., S. 424): „... si autem non potuerint vendere infra prefatum duorum dierum spatium, tunc deportandi ea, quocumque alias voluerint, plenam et liberam habeant facultatem..." c) Pirna (Cod. dipl. Sax. reg., II. Hauptteil, Bd. 5, Nr. 95): „... dornoch farn und czihn mogen und sullen von unz ungehindert und ane wedirrede..."

[47] Vgl. für Frankfurt a. O. van Nießen, a. a. O. S. 145, und Riedel, I. Hauptteil, Bd. 23, S. 179; für Krakau Hirsch, Danzigs Handelsgeschichte, S. 181.

[48] A. A. z. B. Stieda, a. a. O. S. 992.

Es gibt natürlich Stapelstädte, in denen es gleichzeitig neben dem Stapelzwang besteht, und vielfach wird es auch in derselben Urkunde wie das Stapelrecht verliehen. Aber trotzdem ist es falsch, diese beiden Berechtigungen dann als einem Rechte entspringend anzusehen und dieses jus emporii oder Gretrecht zu nennen. Letzteres schon deshalb, weil derartige Ausdrücke quellenmäßig nicht zu belegen sind. Ersteres darum, weil viele Stapelstädte das Verbot des Gästehandels nicht kennen oder wenigstens ursprünglich nicht kennen und es erst später einführen; sodann aber auch, weil das Verbot des Gästehandels auch in Städten besteht, die das Stapelrecht nicht haben, und endlich, weil die meisten Quellen, die Stapelrecht und das Verbot das Gästehandels verleihen, diese beiden Berechtigungen offensichtlich als verschiedene, getrennte und besondere Rechte auffassen. Eine Stadt, die trotz Vorhandenseins des Stapelrechts das Verbot des Gästehandels nicht kennt, ist z. B. Itzehoe[49]. Sodann hat ursprünglich ein derartiges Recht nicht bestanden in Frankfurt a. O.[50]. Eine Stadt, die nach gewissen Richtungen hin den Gästehandel einschränkt, ohne ein Stapelrecht zu haben, ist z. B. Eger[51]. Als besonderes, vom Stapelrecht verschiedenes Recht wird das Verbot des Gästehandels aufgefaßt z. B. in Stettin[52], Danzig[53], Prag[54] und

---

[49] Hasse, a. a. O. Bd. II, S. 199: „... ad emendum civibus et hospitibus generaliter exhibere ..."

[50] v. Nießen, a. a. O. S. 145.

[51] Gaupp, Deutsche Stadtrechte, Bd. I, S. 192, Art. 26 des Stadtrechts von 1279.

[52] P. U.B., Bd. II, Nr. 1282: „Prima prerogativa graciarum est ... quod omnia bona ... debent deponi ..... Item tercia est, quod nullus hospes annonam educere debet aliquam, quin eam ipsius civitatis emerit a burgense ..."

[53] H. U.B., Bd. VIII, Nr. 111. Antwort Danzigs auf Klagen der polnischen Kaufleute 1451: „Wy syn bewedmet mit privilegien unde willekoren ... dat gast mit gaste nicht kopslagen sal." Von der Niederlage, die Danzig gehabt hat, ist hier nicht die Rede. Das Verbot des Gästehandels erscheint somit als selbständiges Recht.

[54] Prag (Rößler, a. a. O. S. LXXXVII): „... statuerunt, ut ... dicti hospites ... stare debent et sua mercimonia ibidem deponere ..."

Wien[55]. Besonders interessant ist die Rechtslage in Pirna[56]. Auch hier besteht nämlich neben dem Niederlagsrecht ein Verbot, daß das zur Niederlage bestimmte Getreide an Gäste verkauft werde. Aber dies Verbot gilt nur für die beiden ersten Tage der Verkaufsstellung. Aber auch an Bürger darf der Stapelhalter nur „zu seinem nutze zu vermeltzen in hofe" verkaufen. Dieser Beschränkung unterliegen übrigens auch Bürger, die Getreide in die Stadt bringen. Nach zweitägiger, beschränkter Feilhaltung ist dann am dritten Tage allgemeiner, freier Handel gestattet. Die Niederlagspflicht umfaßt hier also alle drei Tage; aber nur für zwei Tage gilt das Verbot des Gästehandels. Auch hier gehört demnach dieses Verbot nicht zum Begriff des Stapelrechts.

Es kann somit wohl überhaupt nicht zweifelhaft sein, daß das Verbot des Gästehandels ein besonderes, neben dem Stapelrecht bestehendes Recht ist und nicht zu dessen Begriff gehört.

d) Besondere Niederlagsabgaben lassen sich von 1250 bis 1500 nur in einzelnen Städten feststellen, besonders in märkischen. Aber auch diese Abgabenerhebung erscheint in den Quellen als besonderes Recht neben dem Niederlags-

---

Nach mehreren anderen Bestimmungen heißt es dann weiter: „Item statuerunt, ut dicti hospites sua mercimonia non debeant in ipsa civitate Pragensi aliis hospitibus vendere; sed tantum Pragensibus et aliarum civitatum nostrarum de Boemia et Moravia civibus." Auch hier wird Niederlagsrecht und Verbot des Gästehandels als besonderes Recht behandelt.

[55] Geschichtsquellen, I. Abt., Bd. I, S. 13, 29, 49, 65. Während man in Wien stets ein Verbot des Gästerechts gehabt hat, heißt es 1281: „... Welich choufman sinen choufschatz niderlegt da ze Wienen, der sol haben die gnade, das er ... schol sinen choufschatz, den er her ze Wienen bringet, ze choufen geben ... allen leuten, purgern und gesten, sie sein inner lants oder auzzer lants gesezzen, von Ungern oder von swanne sie sein ..." Also selbst hier in Wien hielt man das mit dem Niederlagsrecht verbundene Verbot des Gästehandels nicht für dessen Bestandteil. Denn in dem Falle, wo es aufgehoben ist, besteht das Niederlagsrecht trotzdem fort.

[56] Cod. dipl. Sax. reg., II. Hauptteil, Bd. 5, S. 466—67.

recht[57]. Die Abgaben wurden scheinbar in den meisten Fällen nur dann erhoben, wenn die Waren an einem bestimmten Platze unter Aufsicht oder in verschlossenen Räumen niedergelegt wurden[58]; bisweilen waren sie auch wohl ein Entgelt für die Befreiung von der Verpflichtung, Niederlage zu halten. Zum Begriffe des Stapelrechts gehört die Abgabenerhebung in dieser Periode sicherlich noch nicht. Denn noch ist sie sehr wenig verbreitet[59].

e) Schwierig ist die Entscheidung der Frage, ob der Straßenzwang, d. h. das Recht, die Kaufleute zwingen zu können, auf ihren Reisen nicht die Stadt zu umgehen, sondern ihren Weg über sie zu nehmen, zum Begriff des Stapelrechts gehört oder nicht[60/61]. Denn einerseits haben außerordentlich viele Städte das Stapelrecht verbunden mit dem Straßenzwang[62], andererseits ist in der Tat ein Stapelrecht ohne Straßenzwang in vielen Fällen, z. B. stets, wo es sich um Städte handelt, die nur an Land- und nicht auch an Wasserstraßen liegen, von wenig Wert. Dennoch muß man auf Grund des Quellenmaterials der Ansicht folgen, daß der Straßenzwang ein besonderes Recht ist und zum mindesten in der Zeit bis 1500 noch nicht zum Begriffe des Stapel-

---

[57] So in Neu-Landsberg (Riedel, I. Hauptteil, Bd. 18, S. 414): „... also, das sie aller Holz ... niederlegen mugen und davon nhemen redeliche pfennige ..."

[58] Vgl. Holtze, Handelspolitik, S. 14; Berliner Stadtbuch, S. 12; Kriele, a. a. O. S. 45; v. Nießen, a. a. O. S. 115 ff., 141.

[59] Bestanden hat sie außer in den märkischen Städten z. B. auch in Pirna (Cod. dipl. Sax. reg., II. Hauptteil, Bd. 5, S. 337).

[60] Daß er dazu gehört, wird in den Stapelkämpfen besonders von den Anhängern Leipzigs behauptet. so z. B. Born, a. a. O. II, § 10.

[61] Terminus technicus scheint in manchen Gegenden für ihn die „rechte fahrt", der „rechte weg" gewesen zu sein (P. U.B., Bd. II, Nr. 1282; Geschichtsquellen, I. Abt., Bd. I, S. 112).

[62] So z. B. Stettin (P. U.B., Bd. II, Nr. 1282); Glogau (Cod. dipl. Silesiae, Bd. 17, S. 13); Wien (Geschichtsquellen, I. Abt., Bd. I, S. 49, 112; Hainburg (Winter, a. a. O. S. 111); Breslau (Gengler, C. j. m. G., S. 379); Brüx (Gengler, C. j. m. G., S. 424); Freiberg (Cod. dipl. Sax. reg., II. Hauptteil, Bd. 12, Nr. 375); Thorn (Akten der Ständetage, Bd. IV, S. 603).

rechts gehört. Dies ergeben nämlich einerseits die Quellen, die den Straßenzwang als ein selbständiges oder als ein mit anderen Rechten verbundenes Recht zeigen, andererseits die Quellen, in denen das Stapelrecht ohne Straßenzwang verliehen oder der Straßenzwang als besonderes, neben dem Stapelrecht bestehendes Recht bezeichnet wird.

Teils als selbständiges, teils als mit Zoll- und sonstigen Rechten[63] verbundenes Recht erscheint der Straßenzwang in folgenden Fällen:

1518 erhielt Kempten, das nie Stapelrecht besessen hat, den Straßenzwang seiner Zollrechte wegen[64].

1359 verbietet Kaiser Karl IV. dem Grafen Rudolf von Sargans zugunsten der Zölle und des Geleitsrechts des Bistums zu Chur, den diesem zustehenden Straßenzwang durch Anlegung neuer Straßen unmöglich zu machen[65].

1350 übereignen der Markgraf Woldemar zu Brandenburg, die Herzöge von Sachsen und die Fürsten von Anhalt der Stadt Angermünde eine Zollerhebung und bestätigen den dieser Stadt zustehenden Straßenzwang[66].

1398 ordnet König Wladislaus II. Jagiello an, daß die

---

[63] Mittermaier, a. a. O. Bd. II, S. 848; Quetsch, Rhein. Verkehrswesen, S. 17; Geering, Handel und Industrie Basels, S. 153; Falke, Geschichte des deutschen Handels, S. 240; Zöpfl, Kommerzienwesen in Franken, S. 8, Anm. 1, 16, 21.

[64] Lünig, Part. spec. Cont. IV, Bd. I, S. 1523: „Also daß nun hinfür khein Kauffmanns Waar und Güeter ... kheinen newen ungewondtlichen Weg noch Straß zwischen der Statt Kempten und dem Stättlein Vills ... sundern die ... alten gepauten Weg und Straß durch Kemptner Wald geführet werden sollen ..."

[65] Cod. dipl. Raetic., Bd. III, S. 116: „... Wann wir wellen und geboten haben, ernstlichen, allen unsern und des Reichs Steten, das sie durch das Bistum ze Chur khein ander straße, gelait und zölle wahren sollen, wann die straße, die von alter gewohnlich sind zefahren ..."

[66] Riedel, I. Hauptteil, Bd. 13, S. 179—80: „Ok scal die herstrathe, die dar geit von Schweyt thu der nedder Vinow unnd thu der Nigen Stadt ahnders nergen thu gan, wan thu Angermunde, also sy van alter hefft gegangen ..."

aus Großpolen nach Breslau reisenden Kaufleute nur über Schrimm und Punitz reisen sollen [67].

Um 1368 bestand in Österreich ein ausgedehnter Straßenzwang unabhängig vom Stapelrecht. So durften z. B. die Bürger von Pettau und die Städte in Krain die Straße über den Karst nicht mit „schwerer Habe" benutzen [68].

Schon in der Entstehungszeit des Stapelrechts war der Straßenzwang ein häufig mißbräuchlich ausgeübtes Recht. Das ergeben Stellen in einem Reichsspruch über die Freiheit der Königsstraßen vom 23. Juli 1224 [69], im Statutum in favorem principum [70], in dem Mainzer Reichsfrieden vom Jahre 1235 [71] und in einem Reichsspruch gegen den Straßenzwang vom Jahre 1236 [72].

---

[67] Wuttke, Städtebuch von Posen, S. 39: „... quod omnes ... mercatores ... cum rebus ... volentes versus Vratislaviam proficisci eisdem antiquis viis ... scilicet per Szrem et per Ponice transire debeant, et omnimodo teneantur, et non alias vias ipsis quaerendo ..."

[68] Kurz, Österreichs Handel, Beil II, S. 352 ff. 1368 ergeht eine Anfrage des Herzogs Albrecht, welcher Straßen sich die Pettauer bisher bedient hätten. Nachdem hierüber Berichte eingegangen sind, ergeht ein Befehl „an die Städte in Steyr, Kärnten und Krain": „Das die stet in krain mit Irem vieh über den karst gen venedig arbeiten mugen, aber kein schwere habe, die von ungern kumbt als kupfer, wars ... sullen sie nicht über den karst füren..."

[69] Mon. Germ. hist., Const. II, 285, S. 402: „Salzburgensis archiepiscopus per sententiam requisivit: an hominibus alicuius iter et actus et via in stratis regalibus et publicis quoad mercimonia sua deportanda et alias negociationes faciendas a domino terrae vel a quoquam alio valeat vel debeat interdici ..."

[70] Zeumer, a. a. O. S. 48 ff.: „3. Item nemo cogatur ad aliquod forum ire invitus. 4. Item strate antique non declinentur nisi de transeuncium voluntate."

[71] Zeumer, a. a. O. S. 55: Art. 21 „Wir setzen und gebieten, daz man die landstraze vare, und niemen den andern mit gewalt dwinge von der rechten straze."

[72] Zeumer, a. a. O. S. 64: „... sententia principum extitit promulgatum: quod non licet alicui prohibere hominibus nec revocare eos a strata publica quin vadant ad forum, ubi possint sua commoda exercere ..."

Stapelrechte, die den Straßenzwang gar nicht kennen, sind besonders die solcher Städte, die an schiffbaren Flüssen lagen, und bei denen das Stapelrecht sich nur auf die zu Schiff ankommenden Gäste bezog. Ausnahmen kommen natürlich auch hier vor. So hat Stettin, eine Stadt, die vermöge der Teilung der Oder in mehrere Arme oberhalb Stettins umfahren werden konnte, Straßenzwang. Am Fluß gelegene Städte, deren Urkunden, solange nur für Schiffe ein Stapelrecht bestand, den Straßenzwang nicht erwähnen, sind Itzehoe[73], Pirna[74] und Oderberg[75]. Von Städten, die ursprünglich oder überhaupt nicht Straßenzwang hatten, obwohl sie hauptsächlich die zu Lande ankommenden Kaufleute dem Stapelrecht unterwarfen, seien erwähnt Steier[76], Breslau vor 1422[77], Berlin[78], Graz[79], Münden[80] und Prag[81].

Wo schließlich der Straßenzwang bis 1500 zusammen mit dem Stapelrecht in einer Urkunde verliehen oder erwähnt wird, erscheint er stets als ein besonderes Recht neben dem Stapelrecht.

So einmal in der Stettiner Urkunde von 1283[82], in der es, nachdem als „prima prerogativa graciarum" die Niederlage verliehen ist, weiter heißt: „.... Item secunda ipsis nostra donacio graciarum, quod quilibet descendentes navigio vel ascendentes cum suis mercibus non debent querere alias vias per aquas videlicet per Regeliz vel alias qualescumque nisi per Oderam ante civitatem Stetin ibidem suum debitum

---

[73] Hasse, a. a. O. Bd. II, S. 199.
[74] Cod. dipl. Sax. reg., II. Hauptteil, Bd. 5, S. 91, 337.
[75] Berliner Stadtbuch, S. 46.
[76] Winter, a. a. O. S. 40.
[77] Der Stadt Breslau wurde bereits 1274 das Niederlagsrecht verliehen (Gengler, C. j. m. G., S. 357, Nr. 4). Aber erst 1422 wird angeordnet: „... daß alle ... kauffluetcn ... czu der Stat czu Breslaw czufaren sollen und das nicht lassen."
[78] Berliner Stadtbuch, S. 12, 37.
[79] Gengler, Stadtrechte, S. 169.
[80] Gengler, Stadtrechte, S. 502.
[81] Rößler, a. a. O. S. LXXXVII.
[82] P. U.B., Bd. II, Nr. 1282.

transitum, qui rechtevarth dicitur observando, sicut fuerat ab antiquo [83].

Sodann in Wien [84]. Dort war 1221 nur, wer nach Wien kam und weiter nach Ungarn wollte, dem Stapelrecht unterworfen. Noch 1244 und 1247 ist dies so. 1278 wird dann der Straßenzwang hinzugefügt: „... via regia in Viennam procedat tantummodo et deponat ibi per singula merces suas". Also auch hier erscheint der Straßenzwang als neues, nicht mit dem Stapelrecht als Bestandteil verbundenes Recht.

Ebenso auch in Hainburg [85]. Dort wird 1460 in der Urkunde, durch die den Bürgern dieser Stadt alle Freiheiten und Rechte erneuert werden, zuerst unter Nr. 6 bestätigt: „... welch die sein, die gen Hungern hinab salz furen, daz die dasselb salz zu Hainburg niederlegen und daselbs verkaufen sullen". Unter Nr. 8 wird dann diese Bestimmung der Nr. 6 dahin erläutert, daß das Salz aus Hainburg nur durch Bürger ausgeführt werden dürfe. Wir haben also Salzniederlagsrecht und Weiterfahrtsverbot. Unter Nr. 9 heißt es dann weiter: „Welherlei auch gut, war oder khaufmannschaft nicht ausgenommen, über den Wag und in der Schütt oder zu Preßburg über die Tunaw gefürt oder getriben werden oder herdishalb zu Raab und Altenburg durchgeen, daz dieselben dhain andere strassen herauf gen Wyenn werts fahren noch geen denn durch die obgenannt unser stat Hainburg und an unser maut daselbs komen..." Also hier Straßenzwang für alle nach Wien gehenden Waren der Maut wegen, Niederlagsrecht dagegen nur für Salz. Offenbar ist also auch hier der Straßenzwang nicht Bestandteil des Niederlagsrechtes.

---

[83] Auch noch 1458 (H. U.B., Bd. VIII, Nr. 750) gelten Straßenzwang und Niederlagsrecht in Stettin als verschiedene Rechte: „Wy hebben ok ... vorstlike breve, dat alle gudere ... scholen holden de rechte fart up der Odere ... und scholden **denne** er guder vor Stettin aflegen unde dar nedderlage holden ..."

[84] Geschichtsquellen, I. Abt., Bd. I, S. 13, 29, 31, 49.

[85] Winter, a. a. O. S. 109 ff.

In Brüx heißt es 1273[86]: „... quod nos ... duximus concedendum, ut strata trans nemus per Wartham sive per Mutam cetereque omnes alie vie, que infra duorum spatium miliarium ex nunc sistunt aut fieri valeant in futuro, ad ipsam civitatem nostram Brux tendant, et ut fiant et fieri debeant depositiones annone, pannorum, salis ceterarumque rerum venalium...". Auch hier sind Straßenzwang und Stapelrecht besondere Rechte.

In Freiberg in Sachsen heißt es 1468 oder 1469 in Klagen, die beim Kurfürsten angebracht werden[87]: „Yn entginge ... damit die straße und niderlage..." Auch hier werden Straßenzwang und Niederlage als besondere Rechte empfunden.

So erscheinen sie endlich auch in Thorn[88]. Dieses hatte ursprünglich ein Niederlagsrecht nur für die Weichselfahrer, das später zu Ungunsten der Polen weiter ausgedehnt wurde. 1457 wurde das Niederlagsrecht nun, nachdem Thorn polnisch geworden war, bestätigt. In dieser Urkunde heißt es, nachdem die Niederlage bestätigt und eine Anzahl von Bußbestimmungen für Übertretungsfälle getroffen ist, weiter: „... Sunderlich wellen wir, das dy strosen aws unserm konigreyche und durch dasselbe reych czu Polan durch semtliche awslendische kouflewte alleine uff Thorun gehalden sullen werden unnd yn keyner weyse uff den Nakel, Tawchel, Bromburg, noch durch die Mazaw noch durch keine ander umbgseende wege czu czihende. Ouck keine ander fehre obir dy Weysel denne aleine czu Thorun noch alder gewohnheit dy vorgesprochenen fremden koufleute sullen obirfaren bey derselben bussen obin awsgedruckt". Auch hier wird ein ausgedehnter Straßenzwang neben dem Stapelrecht, nicht als Bestandteil dieses Rechts verliehen. Das zeigt die Anordnung der Urkunde und besonders die Bestimmung, daß auf Verletzung des Straßenzwanges dieselbe Buße ge-

---

[86] Gengler, C. j. m. G., S. 424.
[87] Cod. dipl. Sax. reg., II. Hauptteil, Bd. 12, Nr. 375.
[88] Toeppen, Akten der Ständetage, Bd. IV, S. 603.

setzt wird, wie auf Verletzung des Niederlagsrechts. Denn wäre der Straßenzwang Bestandteil des Niederlagsrechts, so wäre seine Verletzung schon durch die für die Verletzung des Niederlagsrechts in Aussicht gestellte Buße mit Strafe bedroht worden. Eine Verweisung auf diese Buße wäre dann nicht notwendig gewesen.

Die hiermit vorgebrachten Quellenbelege zeigen unseres Erachtens deutlich, daß der Straßenzwang in der Zeit bis 1500 kein Bestandteil des Stapelrechts gewesen ist, sondern nur ein häufig mit ihm verbundenes Recht.

f) Andere Rechte, wie das sogenannte jus geranii, das jus constringendi, das Ladungsrecht und die Rang- und Reihefahrt stehen in noch viel loserem Zusammenhange mit dem Stapelrecht als die vorher angeführten Rechte. Sie gehören sicher nicht zu seinem Begriffe[89]. Denn sie sind mit Quellen aus der Zeit bis 1500 überhaupt nicht zu belegen. Das jus geranii hat sich in größeren Handelsstädten im 16. und 17. Jahrhundert entwickelt. Sein Inhalt ist, daß die Stapelverpflichteten den der Stapelstadt gehörigen Krahn benutzen müssen. Das jus constringendi und das Ladungsrecht sind, wie Schmoller[89] richtig betont, nur Konstruktionen hamburgischer Juristen. Die Rang- und Reihefahrt hat sich allerdings bei dem zum Umschlagsrecht verwandelten Stapelrecht gebildet. Sie ist aber nie ein Recht der Stapelstadt gewesen, sondern ein Recht der Schiffergilde der Stadt. Sie ist ein Produkt der Entwickelung des Stapelrechts, aber keiner seiner Bestandteile.

Zusammenfassend können wir demnach nach Untersuchung des Quellenmaterials sagen, daß in der Tat das Stapel- oder Niederlagsrecht das Recht einer Stadt ist, von den sie durchreisenden Kaufleuten verlangen zu können, daß sie ihre Waren eine bestimmte Zeit niederlegen und feil-

---

[89] Dies behauptet z. B. für das jus geranii, das sogenannte Krahnrecht: Dalberg, Erfurter Handlung, S. 5; über jus constringendi und Ladungsrecht vgl. Ehrenberg, Hamburger Freihafen, S. 20, Schmoller, Studien, S. 1075; über Rang- und Reihefahrt vgl. Eckert, Mainzer Schiffergewerbe.

bieten, und daß die anderen, an einzelnen Orten mit ihm verbundenen Rechte nicht zu seinem Begriff gehören.

Man hat nun das Stapelrecht bisweilen für ein Vorkaufsrecht erklärt oder es ein Recht am Warenhandel genannt[90]. Dies erscheint jedoch nicht richtig. Denn das Stapelrecht ist kein privatrechtliches Rechtsgut, das einem Rechtssubjekt des Privatrechts zusteht, sondern es ist eine öffentlich-rechtliche Befugnis einer Person des öffentlichen Rechts. Die Verpflichtung der durch es betroffenen Personen ist daher keine privatrechtliche Bindung, sondern eine öffentlich-rechtliche Verpflichtung wie sie heute z. B. durch die Steuer- und Zollpflicht auferlegt wird. Die Anwendung der obengenannten privatrechtlichen Begriffe erscheint daher nicht angängig und die Behandlung des Stapelrechts in Lehrbüchern des deutschen Privatrechts ist ein Fehler.

---

[90] Kriele, a. a. O. S. 101; Stieda, a. a. O. S. 993; Schroeder, Deutsche Rechtsgeschichte, S. 657, Anm. 82; Falke, Geschichte des deutschen Handels, S. 244.

Sechster Abschnitt.
Das Stapelrecht im 16. und 17. Jahrhundert.

Die dritte Periode der Entwickelung des Stapelrechts beginnt etwa um 1500 und reicht bis 1700. Sie charakterisiert sich durch den Verfall des Stapelrechts[1]. Zwar bemühen sich die Stapelstädte andauernd, ihr Recht in vollem Umfange aufrechtzuerhalten, aber mit geringem Erfolge. Immer mehr und mehr büßen sie von ihm ein. Nur kümmerliche Reste des Rechtes ragen noch in das 18. und 19. Jahrhundert hinein und finden erst hier ihr Ende[2].

Drei Ursachen haben diesen Verfall hauptsächlich herbeigeführt: die Territorialwirtschaftspolitik, die Stapelkämpfe und das feindselige Verhalten des Reichs gegen das Stapelrecht.

Während bis 1500 die Wirtschaftspolitik durch die Interessen der einzelnen Städte bestimmt wurde, trat um diese Zeit an Stelle der Stadtwirtschaftspolitik überall die Territorialwirtschaftspolitik. Sie berücksichtigt die Interessen aller im Territorium Begriffenen, nicht aber die einer Stadt allein. Das hat den Untergang aller Stapelrechte der kleinen Städte und den Schutz nur noch der großen Stapelrechte durch

---

[1] A. A. Below, Untergang der mittelalterlichen Stadtwirtschaft, Conrads Jahrb. Bd. 76, S. 460.

[2] Darüber handeln ausführlich: Biedermann, Das Stapelrecht in der Vierteljahrsschr. für Volksw. und Kulturgesch., Bd. 72; Kloeden, Gesch. des Oderhandels; Kriele, a. a. O.; Mäuß, a. a. O.; Noack, a. a. O.; Rauprich, Der Streit um die Breslauer Handelsniederlage, Ztschr. f. Gesch. Schlesiens, Bd. 27; Ockhart, Gesetzgebung des Rheins; Schmoller, Studien; ders., Umrisse und Untersuchungen; Rijswijk, a. a. O.; Weißenborn, Elbzölle und Elbstapelplätze.

die Landesherrn zur Folge. Dieses Schutzes werden die größeren Städte aber nicht froh. Denn durch ihn nehmen auch die Stapelkämpfe an Intensität zu, weil sie jetzt nicht mehr von Stadt gegen Stadt, sondern von Regierung gegen Regierung geführt werden und dadurch wirtschaftlich ungünstiger wirken als früher. Ihre natürliche Folge ist daher eine schwere Schwächung der städtischen Rechte. In gleicher Weise geschwächt werden diese auch durch das Verhalten des Reichs. Denn von ihm geht jetzt eine das Stapelrecht einschränkende und seine Fortentwickelung abschneidende Gesetzgebung aus.

Die Territorialwirtschaftspolitik[3] ist natürlich um 1500 nicht etwas ganz Neues. Sie beginnt schon früher und hat auch schon vor 1500 gewisse Einflüsse auf das Stapelrecht ausgeübt, so z. B. in Spandau[4], Thorn und Krakau[5]. Allgemeiner wird diese Einwirkung jedoch erst seit dem 16. Jahrhundert. Charakteristische Beispiele sind für sie die Frankfurt-Breslauer Vorgänge aus den Jahren 1490 bis 1510, der Schutz, der dem Stapelrecht Leipzigs durch die sächsischen Kurfürsten zu teil geworden ist, und die Geschichte des Magdeburger Stapelrechts im 16. und 17. Jahrhundert.

In Frankfurt a. O. sowohl wie in Breslau wollte man am Ende des 15. Jahrhunderts die in Verfall geratenen

---

[3] Vgl. bes. Schmoller, Umrisse, S. 20 f., Studien, S. 22 ff.

[4] Über Spandau, (Riedel, I. Hauptt., Bd. 11, S. 109), klagt 1450 der Kurfürst „dat die von Spandow van den von Berlin und Coln nedderlage gefordert und genommen hebben." Diese Klage erscheint als Ausdruck einer Wirtschaftspolitik des Kurfürsten, die nicht durch Rücksichtnahme auf einzelne begünstigte Städte, sondern durch die allgemeinen Interessen des Territoriums bestimmt wird. Denn das politische Verhältnis des Kurfürsten zu Berlin-Köln war in dieser Zeit außerordentlich schlecht; in der zitierten Bemerkung drückt sich daher nicht seine besondere Vorliebe für Berlin-Köln, sondern sein Interesse für den ungestörten Handelsverkehr des Territoriums aus.

[5] Zwischen Thorn und Krakau bestand etwa seit dem Anfang des 14. Jahrhunderts ein heftiger Stapelkampf. Er fand erst 1457 (H. U.B., Bd. VIII, Nr. 626) sein Ende, als Thorn polnisch geworden war; vgl. auch oben V. Abschnitt.

Niederlagsrechte wieder auf die alte Höhe heben. Beide Städte aber wußten sehr wohl, daß die Möglichkeit der Umgehung ihrer Stapelrechte im Falle gegenseitiger Feindschaft sehr leicht war, handelten daher von vornherein im Einverständnisse und suchten ihre Rechte gegenseitig zu schützen. Sie schloßen 1490 einen Vertrag. Charakteristisch ist nun für die gegen früher veränderten Verhältnisse, daß beide Parteien die Zustimmung ihrer Landesherrn zu erlangen suchten[6], und daß die Verhandlungen unter deren Teilnahme stattfanden.

Leipzig erfreute sich seit der Verleihung seines Stapelrechts (1507) der eifrigsten Fürsorge seiner Kurfürsten. Immer wieder sorgten diese für kaiserliche Bestätigungen des Stapelrechts[7]. Immer wieder erließen sie Strafdekrete gegen die Errichtung neuer Niederlagen in Sachsen und die Umgehung des Leipziger Stapels. Immer wieder unterstützten sie die Bestrebungen Leipzigs, der Stapelbrecher habhaft zu werden[8]. Ihre Fürsorge erstreckte sich weit in das 18. Jahrhundert hinein[9].

In Magdeburg, der Hauptgegnerin von Leipzig, lagen die Verhältnisse folgendermaßen. Bis 1547 übten die Magdeburger ein Stapelrecht aus. Als am 20. Juli 1547 über Magdeburg die Reichsacht verhängt wurde, wurde das Stapelrecht dem Kurfürsten von Brandenburg verliehen, damit er es nach seinem Belieben einer seiner märkischen Städte verleihe. Schon hierin zeigt sich, daß jetzt der Landesherr die Wirtschaftspolitik macht. 1554 überträgt dann der Kurfürst, d. h. der Territorialherr, nicht die von ihm mit dem Stapelrecht beliehene Stadt, dieses wieder an Magdeburg

---

[6] Rauprich, a. a. O. S. 87 ff.; Riedel, I. Hauptt., Bd. 23, S. 293 ff.
[7] Hasse, Geschichte der Leipz. Messen, S. 8 ff., 16 f.
[8] Lünig, Part. sp. Cont. IV, Bd. II, S. 622: Verkündigungs- und Abmahnungspatent Kurfürst Johann Georgens I. zu Sachsen, daß niemand in seinen Landen sich unterstehen solle, der Stadt Leipzig zum Nachteil eine Niederlage anzulegen; vgl. ferner Heinholdt, a. a. O. S. XVI (Mandat vom 20. VI. 1593) und S. XXIV (Mandat vom 8. XII. 1704).
[9] Mäuß, a. a. O. S. 160; Hasse, a. a. O. S. 152.

zurück. Seit dem letzten Viertel des 16. Jahrhunderts schweben nun Streitigkeiten zwischen Brandenburg und Magdeburg über das Stapelrecht. Aber in dem Augenblick, in dem Magdeburg mit Brandenburg vereinigt wird, verschwinden diese. 1666 wird es Magdeburg vielmehr vom Großen Kurfürsten bestätigt. In der Folge tritt dann Brandenburg bis in das 18. Jahrhundert hinein für das Stapelrecht Magdeburgs auf das eifrigste ein [10].

Wirkte demnach einerseits die Territorialwirtschaftspolitik im Interesse der Erhaltung der Stapelrechte der größeren Städte, so vernichtete sie andererseits die der kleineren Städte.

Z. B. erklärte 1593 Meißen auf Betreiben der sächsischen Regierung, daß es keinen Anspruch auf das Niederlagsrecht mehr mache [11]. Die kleinen märkischen Stapelrechte, wie die von Landsberg, Eberswalde, Tangermünde und Brandenburg sind bis 1600 verschwunden [12]. Oderberg verzichtet auf Wunsch des Kurfürsten 1634 auf sein Niederlagsrecht [13]. Aber auch einige größere und mittlere Städte verlieren es. So verfällt es ganz mangels Interesses des Landesherrn in Breslau [14]. Auf Lüneburgs Stapelrecht verzichtet 1574 der Herzog Wilhelm von Braunschweig [15]. Von vielen kleinen Stapelrechten hört man gar nichts mehr, so besonders in Österreich. Sie scheinen sang- und klanglos zugrunde gegangen zu sein, die meisten wohl in den kriegerischen Zeiten seit der Reformation und während des 30jährigen Krieges [16]. Man scheint aber noch lange nach

---

[10] Mäuß, a. a. O. S. 141—162.
[11] Hasse, a. a. O. S. 78.
[12] Schmoller, Studien, S. 30.
[13] Riedel, I. Hauptt., Bd. 12, S. 380.
[14] Rauprich, a. a. O. S. 14.
[15] Falke, Zollwesen, S. 207. Charakteristisch ist übrigens hier auch der Verzicht des Landesherrn.
[16] Ritter, Gesch. im Zeitalter der Gegenreformation, S. 44; über den Verfall auch der größeren Stapelrechte während dieser Zeit vgl. z. B. Hasse, a. a. O. S. 24.

ihrem tatsächlichen Erlöschen Furcht gehabt zu haben, daß die kleinen Stapelstädte unter Berufung auf ihre alten Stapelrechte die Interessen des Territoriums schädigen könnten. Wenigstens hebt Brandenburg 1723 noch einmal ausdrücklich die kleinen, schon seit langer Zeit nicht mehr bestehenden märkischen Stapelrechte auf[17].

Bedeutete so das Aufkommen der Territorialwirtschaftspolitik die Vernichtung der unbedeutenden Stapelrechte, so war auch die Unterstützung, die sie den großen Stapelstädten lieh, und die besonders in der Hilfe in den großen Stapelkämpfen zum Ausdruck kam, nicht von großem Segen für diese. Zwar waren die großen Städte dank dieser Unterstützung und dank ihrer größeren Machtmittel, die ihnen erlaubten, sich fürstliche und kaiserliche Bestätigungen zu erkaufen und lange währende Prozesse beim Reichskammergericht zu führen, natürlich ihren schwächeren Gegnern weit überlegen. Aber auch sie rieb ein dauernder Stapelkampf auf. Und so führte denn ein Stapelrechtsstreit zu keinem siegreichen Ende, sondern schädigte nur beide Teile, wenn gleich starke Gegner, wie z. B. Leipzig und Magdeburg[18] oder Stettin und Frankfurt a. O. zusammenstießen. Hier kam es erst dann zu friedlichen Zuständen und zu Versuchen, die widerstrebenden Interessen auszusöhnen, wenn die streitenden Städte zufällig unter die Herrschaft eines Landesherrn kamen, und wenn dieser sie im Interesse seines Staates zwang, wenigstens zeitweilig in Frieden zu leben[19].

Die Zahl der Stapelkämpfe war überaus groß. Sie wurden mit einer ungeheuren Erbitterung geführt. Lange Prozesse beim Reichskammergericht und beim Reichshofrat waren ihre Folge[20]. Auch auf den Reichstagen erhoben

---

[17] Mylius, Corp. Const. March., V. Teil, II. Abt., 1 Cap., S. 63.
[18] Hier dauerten die Stapelkämpfe bis zum Hubertusburger Frieden.
[19] Naudé, a. a. O. S. 29; Mylius, C. C. M., V. T., II. A., S. 62.
[20] Von Prozessen seien erwähnt: a) Der zwischen Passau und den Herzögen von Bayern vor dem Reichskammergericht (1554 beendet), Falke, Zollwesen, S. 202; b) Der Kölns mit seinem Kurfürsten im 17. Jahrhundert, Gothein, a. a. O. S. 250; Windscheid, Comm. de

einzelne Städte über die Verletzung ihrer Stapelrechte Klage [21]. Auf den Verlauf dieser Kämpfe im Einzelnen und auf ihre Wirkung auf die einzelnen Stapelrechte kann hier nicht näher eingegangen werden. Um aber von ihrer Zahl und ihrer Bedeutung einen Begriff zu geben, seien die Namen der hauptsächlich an ihnen beteiligten Städte aufgeführt, Es sind dies: Leipzig [22], Hamburg [23], Magdeburg [24], Köln [25], Mainz [26], Frankfurt a. O. [27], Stettin [28], Bremen, Minden [29], Berlin, Oderberg und Eberswalde [30].

---

stapula, S. 186; c) Der zwischen Lüneburg und Magdeburg (Reichshofratsbeschluß 1574), Naudé, a. a. O. S. 45; d) der Hamburgs mit seinen Gegnern, Naudé, a. a. O. S. 46; Gallois, Gesch. Hamburgs, Bd. I, S. 392 f.; e) Der Stettins und Frankfurts a. O. (Urteil vom 13. VI. 1623), Mylius, C. C. M., V. T., II. A., 1. C., S. 62; Kratz, Städte der Provinz Pommern, S. 400; Schöttgen-Kreysig, Bd. III, S. 329, n. 349; f) Der Regensburgs und Passaus, Mynsinger, Cons. S. 155 ff.; g) Der Bremens und Mindens (1719—49). Noack, a. a. O. S. 42 ff., 85.

[21] So Passau 1582 und Regensburg 1598, Falke, Zollwesen, S. 202, 205; vgl. ferner das Reichstagsgutachten über Magdeburgs Stapelrecht, Abhandlung v. d. Stapelrecht der alten Stadt Magdeburg, S. 18; Lünig, P. sp. Cont IV, Bd. II, S. 668.

[22] Leipzig kämpfte mit Erfurt (1507—1593), Naumburg und besonders mit Magdeburg, Hasse, a. a. O. S. 18, 47; Dalberg, a. a. O., S. 5, Schmoller, Umrisse, S. 77, Studien, S. 1028—32; vgl. ferner die Streitliteratur.

[23] Hamburg kämpfte mit dem Kurfürstentum Brandenburg und Magdeburg (Riedel, II. Hauptteil, Bd. 6, S. 291, Nr. 2560).

[24] Magdeburg kämpfte mit Burg, Brandenburg, Lüneburg, Hamburg, Leipzig, Mäuß, a. a. O. S. 148 ff., Naudé, a. a. O. S. 45; vgl. ferner Anm. 22 u. 23.

[25] Köln kämpfte mit seinem Kurfürsten, Gothein, a. a. O. S. 250; Windscheid, a. a. O. S. 186.

[26] Mainz kämpfte mit Worms, Stieda, a. a. O. S. 997, Gothein, a. a. O. S. 251.

[27] Frankfurt a. O. kämpfte mit Guben, Krossen, Landsberg, Stettin, Schmoller, Umrisse, S. 64 ff., 77.

[28] Stettin kämpfte mit Garz, Stargard, Frankfurt a. O., Schmoller, Umrisse, S. 77.

[29] Minden kämpfte mit Bremen, Noack, a. a. O. S. 42 ff.

[30] Berlin kämpfte mit Oderberg, Eberswalde, Mylius, VI. Teil, S. 14, Schmoller, Umrisse, S. 77.

Noch mehr als durch diese Stapelkämpfe wurde der Bestand des Stapelrechts durch die Stellungnahme des Reichs ihm gegenüber gefährdet, insbesondere durch die Bestimmungen, die in den Wahlkapitulationen seit 1636 getroffen wurden. Schon im 16. Jahrhundert befaßte man sich von Reichswegen mit dem Stapelrecht. So haben wir in Leipzig, in Bremen und Frankfurt a. O. kaiserliche Bestätigungen der Stapelrechte, die sich zugleich gegen die Stapelrechte der diesen Städten feindlichen Städte wandten, sie aufhoben oder doch einschränkten, so besonders die zu Gunsten Leipzigs erlassenen Privilegien[31]. Noch zwei andere Eingriffe des Reichs seien erwähnt: Das Verbot an Hamburg und das an Lüneburg.

Der Stadt Hamburg notifizierte 1518 Kaiser Maximilian, daß Hamburg nicht berechtigt sei, die aus den kurfürstlich brandenburgischen Landen kommenden Waren zum Stapelhalten zu zwingen[32].

An Lüneburg erließ Kaiser Maximilian II. 1574 eine Ermahnung, das Stapelrecht aufzugeben, die auch Erfolg hatte[33].

Ganz energisch wandte sich das Reich dann im 17. Jahrhundert gegen das Stapelrecht, und zwar auf Grund von Bestimmungen der Westfälischen Friedensinstrumente und der Wahlkapitulationen.

Das Instrumentum pacis Osnabrugense bestimmte im IX. Artikel § 1 und ihm gleichlautend das Instrumentum pacis Monasteriense in den §§ 69—70[34]: „Et quia publice interest, ut facta pace commercia vicissim reflorescant, ideo conventum est, ut, quae eorum praejudicio et contra utilitatem publicam hinc inde per Imperium belli occasione noviter propria autoritate contra jura, privilegia et sine consensu Imperatoris atque Electorum Imperii invecta sunt vectigalia et telonia . . . ommiaque alia invisitata onera et

---

[31] Vgl. die gesamte Streitliteratur.
[32] Riedel, II. Hauptteil, Bd. 6, S. 291 ff.
[33] Falke, Zollwesen, S. 207.
[34] Zeumer, a. a. O., S. 353—54, 373.

impedimenta, quibus commerciorum et navigationis usus deterior redditus est, penitus tollantur..."

An diese Bestimmung wurde vielfach angeknüpft. Namentlich hinsichtlich des Magdeburger Stapelrechts behauptete man, es sei „contra utilitatem publicam" in den Kriegszeiten „sine consensu Imperatoris atque Electorum Imperii" entstanden und sei daher, da es unter die „alia invisitata onera et impedimenta, quibus commerciorum et navigationis usus deterior redditus est" falle, aufzuheben. Inwieweit im allgemeinen diese Bestimmung der Friedensinstrumente einen Erfolg gehabt hat, läßt sich nicht feststellen. Für Magdeburg hat sie aber jedenfalls 1654 zu einem ungünstigen Reichsgutachten geführt[21]. Eine weitere Folge dieser Bestimmung und der Wahlkapitulationen war ferner ein am 13. Juli 1668 ergehendes Reichstags-Conclusum, „daß nicht allein alle unrechtmäßigen Stapel und Niederlagen abgeschafft, sondern auch hinführo keine neue mehr ertheilet werden sollen"[35, 36].

Die Wahlkapitulationen enthalten seit 1636 gegen das Stapelrecht gerichtete Bestimmungen[37].

So heißt es im 20. Artikel der Wahlkapitulation Ferdinands III. von 1636[38]:

„Dieweil sich aber zuträgt, daß zwar der Name des Zolls bißweilen nicht gebraucht, sondern unterm Prätext einer Niederlag, Stapelgerechtigkeit oder sonsten von den auff- und absteigenden Schiffen und Wahren ebensoviel als

---

[35] Abhandl. v. d. Stapelrecht der alten Stadt Magdeburg, S. 64.

[36] Daß der Dreißigjährige Krieg überhaupt einen sehr ungünstigen Einfluß auf die Stapelrechte ausübte, ergibt die Deklaration zugunsten der Stadt Frankfurt a. O. vom 27. Januar 1644 (Mylius, C. C. M., V. Teil, 2. A., 1. Kap., Nr. 9), in der es heißt, „daß der Stadt Frankfurt a. O. ihre Niederlagsgerechtigkeit ... nicht präjudizieren solle, was etwa tempore belli derselben zuwieder geschehen sein möchte ..."

[37] Ockhart, a. a. O. S. 249; Pfeffinger, a. a. O. S. 206; Stieda, a. a. O. S. 1004; Lünig, P. gen. Cont. I, 2. Forts., S. 154, 189, 791, 810; Zeumer, a. a. O. S. 413—14.

[38] Lünig, P. gen. Cont. I, 2. Forts., S. 154; Stieda, a. a. O. S. 1004.

wie ein rechter Zoll, erhoben wird, so sollen alle und jede, ohne ordentliche Verwilligung des Churfürstlichen Collegii also ausgebrachten Concessiones, unter was Schein und Namen dieselben auch immer erbeten worden, null und nichtig sein...".

Diese selbe Bestimmung enthalten auch die anderen Wahlkapitulationen des 17. Jahrhunderts, nämlich die Ferdinands IV. (1653), die Leopolds I. (1658) und die Josephs I. (1690), wenn auch teilweise in etwas veränderter Form und mit etwas erweitertem Inhalt [37]. So enthält z. B. die Capitulatio Leopoldina und ihr folgend die Capitulatio Josephina den bemerkenswerten Zusatz [39]: „... auch der Handlung und Schiffahrt durch ungebührliche und abgenöthigte Aus- und Einladen, Ausschiffen und Ausschütten des Getreids, und anderer Güter, merkliche grosse Beschwerden und Verhinderung verursachet und zugefüget wird, so sollen alle und jede dergleichen, so wol unter währendem Krieg [40], als vor demselben auf allen Strömen und schiffbaren Wassern des Reichs, ohne Unterschied neuerlich anmaßende Vornehmen null und nichtig sein". Wenden sich die Kapitulationen Ferdinands III. und IV. nur gegen die Geldauflagen, die unter dem Namen der Niederlags- und Stapelrechte erhoben werden, so wendet man sich jetzt gegen den Inhalt des Stapelrechts selbst, den man als Beschwerung empfindet. Auch künftighin wendet man sich scharf sowohl gegen die Zölle, die unter dem Namen Stapel und Niederlage erhoben wurden, als auch gegen das Stapelrecht selbst. So heißt es im 8. Artikel des Entwurfs einer immerwährenden Wahlkapitulation von 1711 [41] einmal, indem man sich gegen die Zölle wendet: „Wenn auch einige ... sich unterstanden haben und noch unterstehen sollten ... die ein-, aus- und durchgehenden Waaren ... mit gewissem Aufschlag, unter dem Namen Accis, Umbgeld und Niederlag ... zu beschweren

---

[39] Lünig, P. gen. Cont. I, 2. Forts., S. 791; Pfeffinger, a. a. O. S. 206.
[40] Vgl. Instr. P. Osnabr. u. Mon.
[41] Zeumer, a. a. O. S. 413—14.

solches alles aber in dem Effekt und Nachfolge für nichts anders als einen neuen Zoll... zu halten... auch der Freyheit der Commerciorum, des Handels und Wandels zu Wasser und Land schnurstraks zuwider, so soll und will der Römische Kaiser... ohne Verzug abstellen und aufheben". Sodann wendet man sich gegen das wirkliche Stapelrecht und die mit ihm verbundene Erhebung von Gebühren mit denselben Worten, wie die Capitulatio Leopoldina und. Josephina, indem man aber noch folgendes hinzufügt: „... auch einem jedwedem ... welcher sich damit beschwert befindet, frey und bevor stehen soll, sich solcher Beschwerung, so gut er kann, selbsten zu entheben; doch soll denjenigen Privilegien, welche ... rechtmäßig erlangt oder sonsten ruhiglich hergebracht, hierdurch nichts präjudiciret oder benommen, sondern von Römischen Kaysern auf gebührendes Ansuchen confirmirt ... alle unrechtmäßige Zölle, Staffeln und Niederlagen aber, sowohl auf dem Wasser als auf den Ströhmen oder derselben Mißbräuche, da einige wären, gleich cassiret und abgethan und ins künftige gantz keine Privilegia auf Staffel-Gerechtigkeit mehr ertheilet werden".

Dieser Entwurf wendet sich also mit großer Schärfe gegen das Stapelrecht. Einmal will er alle Rechte genau auf ihren legitimen Inhalt und Ursprung prüfen, seien es nun noch Stapelrechte im eigentlichen Sinne oder solche, die zu Zollrechten entartet sind. Sodann gibt er Jedem das Recht, sich selbst gegen unrechtmäßige Stapelrechte zu schützen. Endlich wird die Nichterrichtung neuer Stapelrechte versprochen. Das Reich geht durch diese Bestimmungen der Kapitulationen in schärfster Weise gegen das Stapelrecht vor.

Aber nicht nur dies zeigen uns die Kapitulationen. Sie zeigen uns noch mehr die Entartung des Stapelrechts. Diese bewegte sich in der Zeit von 1500—1700 in zwei Richtungen.

Einmal wandeln sich viele Stapelrechte in andere Rechte, besonders in Rechte auf Erhebung von Abgaben und Umschlagsrechte um.

Sodann wird der Inhalt des Stapelrechts verändert. Zu seinem Begriff gehören jetzt die Erhebung von Niederlagsgebühren und der Straßenzwang.

Die Tendenz der Umwandlung des Stapelrechts in ein Recht auf Erhebung von Abgaben zeigen in erster Linie die Wahlkapitulationen. Sie klagen darüber, daß „unterm Prätext einer Niederlag, Stapelgerechtigkeit . . . ebensoviel als wenn ein rechter Zoll wäre, erhoben wird." Sodann besteht jetzt überall Abgabenpflicht, so z. B. in Frankfurt a. O., Leipzig, Magdeburg und Hamburg. Einige Stapelrechte sind ganz zu Zöllen geworden, so das Stader zu dem bekannten Stader Elbzoll [42]. Diese Umwandlung des Stapelrechts ist übrigens nichts Neues. Schon vor 1500 nahm sie an einzelnen Orten ihren Anfang. So wurden 1483 durch Entscheidung des Kurfürsten die Städte Berlin—Köln von der Niederlage in Oderberg befreit und ihnen dafür eine Abgabenpflicht auferlegt [43]. Es trat also schon damals stellenweise die Abgabenpflicht an die Stelle des Stapelrechts. Nach 1500 wurde z. B. in Dordtrecht [44], dessen Hauptstapelprivileg von 1355 unter „stapel houden" ein „vercopen ende vermeten op eenen andern bodem" verstand, wesentlichster Inhalt des Stapelrechts die Abgabenzahlung. Diese Entwickelung fing mit der „Naderen Ordonnantie en Uitsprak van Keizer Karel V." von 1541 an [45], in der der Feilbietungszwang nicht mehr an erster Stelle steht, sondern von der Gebührenpflicht und Umschlagspflicht verdrängt ist.

Neben dieser Tendenz der Umwandlung in Rechte auf Abgabenerhebung haben wir die der Umwandlung in Umschlagsrechte, diese hauptsächlich im Rheingebiet. Von Dordtrecht ist sie schon erwähnt worden. Ein anderes Beispiel für sie ist Mainz. Dieses hatte 1495 „ein staffel mit

---

[42] Soetbeer, Stader Elbzoll, S. 22.
[43] Mylius, C. C. M., VI. Teil, 1. Abt., S. 14.
[44] Rijswijk, a. a. O. S. 38, 90 ff., 98 ff., 103—4.
[45] v. d. Wall, a. a. O. S. 1033 ff., 1141 ff.

der niderlag und umbschlage der Kauffmannschaften"[46], d. h. ein Stapelrecht, das zum Feilbieten der Waren zwang und gleichzeitig mit dem Umschlagsrecht verbunden war. In der Mitte des 17. Jahrhunderts verordnet nun Kurfürst Johann Philipp von Schönborn[47] „daß dieselben Waaren auf einen andern Boden überschlagen und wirklich ausgeladen, davon die gewöhnlichen Kaufhausgebühren entrichtet und erst alsdann weiters gefolgt werden sollen." Also hier wird der Feilbietung keine Erwähnung mehr getan. In dem Vergleich vom 24. Mai 1681 zwischen Mainz und Straßburg[48] aber wird sogar ausdrücklich gesagt, „daß das gezwungene Anbieten zum Verkauf von jeder Gattung von Waaren und Lebensmitteln aufgehoben seyn solle." Aus dem Stapelrecht ist hier also ein reines Umschlagsrecht geworden. In dieser Art, d. h. ohne Feilbietungszwang sind dann nach den Zeugnissen der Schriftsteller des 18. und des Anfangs des 19. Jahrhunderts[49] in Mainz und Köln die sogen. Stapelrechte, die in Wahrheit nur noch Umschlagsrechte waren, bis zum Anfang des 19. Jahrhunderts ausgeübt worden[50]. Von ostdeutschen Städten, in denen das Stapelrecht zum Umschlagsrechte wurde, ist besonders Magdeburg bemerkenswert. Hier vollzieht sich diese Entwickelung aber erst im 18. Jahrhundert[51].

Der Inhalt des **eigentlichen** Stapelrechts ist in der Zeit von 1500—1700 begrifflich im wesentlichen noch derselbe wie vor 1500. Auch jetzt noch ist das Stapelrecht das Recht einer Stadt, von den sie durchreisenden Kaufleuten verlangen zu können, daß sie ihre Waren ganz oder zum Teil abladen, niederlegen und eine bestimmte Zeit lang zum

---

[46] Ockhart, a. a. O. S. 235, Staffelrecht der Stadt Mainz, S. 49.
[47] Ockhart, a. a. O. S. 236, Quetsch, Verkehrswesen, S. 82.
[48] Ockhart, a. a. O. S. 238, Quetsch, a. a. O. S. 83.
[49] Vgl. besonders Ockhart, a. a. O.; Staffelrecht der Stadt Mainz.
[50] Art. III und VIII der Rhein-Schiffahrts-Oktroikonvention von 1804 zeigen dies deutlich, Ockhart, a. a. O. S. 240.
[51] Mäuß, a. a. O. S. 165—68.

Verkauf stellen. Das ergeben viele Quellen dieser Zeit, besonders aber auch einige interessante Rechtsausführungen aus ihr [52].

An erster Stelle sei hier die auf eine sächsische Beschwerde hin ergehende Erklärung des „Ausschusses der Kauf- und Handelsleute in Magdeburg" vom 28. April 1603 angeführt [53]: „Soviel unsere Niederlage- und Stapelgerechtigkeit an ihr selbst betrifft, halten wir, daß Niederlage und Stapel zusammengehören und nicht getrennt werden können ... und wird dreierlei zum Stapelrecht erfordert: 1. Appulsus, daß nämlich die Schiffe vor dem Krän, da die Stapel ist, arriveren und anlanden. 2. Exoneratio, daß die Schiffer daselbst auslegen und auswaschen. 3. Die Venditio, daß die Schiffer die Waren zum Verkauf aufstapeln müssen ... Wenn die Oberländer ihre Waren zu Schiff hier anbringen, müssen sie dieselben hier auslegen und aufstapeln, und wenn die Waren um billigen Preis nicht verkauft werden können, steht alsdann den Ausländern frei, sie ihrer Gelegenheit nach zu Wagen wegzuführen und E. E. Rat das Niederlagsgeld ... allhier entrichten zu lassen." In dieser Erklärung wird also als zum Begriff des Stapel- oder Niederlagsrechts gehörig betrachtet das Aufstapeln und die Verkaufsstellung. Bei Nichtverkauf ist Weiterfahrt gestattet. Alles also wie beim Stapelrecht der zweiten Periode. Neu ist nur die Zahlung des Niederlagsgeldes.

Sodann ergibt auch die schon erwähnte Bestimmung des Mainzer-Straßburger Vergleichs von 1681, „daß das gezwungene Anbieten zum Verkauf ... aufgehoben seyn solle", daß man auch noch in dieser Zeit die Feilbietung für ein Essentiale des Stapelrechts hielt, das man besonders ausschließen mußte, wenn es nicht gelten sollte.

Auch in einer Mindener Quelle, der Aurea Bulla vom

---

[52] Zu beachten ist bei diesen allerdings (Schmoller, Studien, S. 1026—27), daß sie in Stapelrechtsstreitigkeiten geschehen.
[53] Mäuß, a. a. O. S. 149—50.

12. August 1627, heißt es[54]: ... 3 Tage lang gegen den gemeinen Werth feil gebotten ..."

Auch in Frankfurt a. O. und Stettin hielt man noch im 17. Jahrhundert am Feilbietungszwang fest. Erst 1723 wurde dieser interimistisch für eine Anzahl von Waren durch eine Rekognitionsgebühr von $1/4\%$ des Wertes ersetzt, für einzelne Waren aber auch damals noch beibehalten, nämlich für Leinsamen, Eisen und Ton[55].

Die Pflicht zur Feilbietung haben dann auch noch die Königsbergischen Quellen des 17. Jahrhunderts. So heißt es 1619 dort[56]: „ne Memelienses ... per Regiomontum cum mercibus transire, sed observata veteri consuetudine easdem ibi venum exponere teneantur." Im Wilnaischen Vergleich (1642) heißt es ferner[57]: „Domini mercatores Vilnenses ... ibidemque ... per integrum triduum venum exponant; quo exacto, si inter cives Regiomontanos emtorem idoneum non invenerint, merces suas navi onerariae imponere ac cum iisdem Gedanum et alias Regalis Prussicae civitates transire ipsis liberum esto." Also auch hier das Stapelrecht ganz in der alten Form mit dreitägiger Feilbietung und Weiterfahrt.

Ein ferneres Beispiel für das Fortbestehen des Feilbietungszwanges bietet auch die allerdings schon aus dem Jahre 1538, also aus dem Anfang unserer Periode stammende Schiffahrtsordnung zwischen Hamburg und Magdeburg[58], die aber auch noch für die spätere Zeit dieser Periode in Betracht kommt, weil sie die Grundlage der Hamburgischen Ansprüche in dem Stapelstreite im 17. Jahrhundert ist. In ihr heißt es: „... schall ... de helffte in der Stadt

---

[54] Noack, a. a. O. S. 11. In Minden hielt man übrigens noch 1769 theoretisch an dem Feilbietungszwang fest. Ausgeübt wurde er aber nicht mehr (Noack, S. 96).
[55] Mylius, C. C. M., V. Teil, 2. Abt., 1. Kap., S. 62—63.
[56] Hippel, a. a. O. S. 90 ff., Beil. VI u. VIII.
[57] Hippel, a. a. O. Beil. X, S. 98.
[58] Riedel, II. Hauptteil, Bd. 6, Nr. 2560.

Hamborch bliven und dar vorbrucket Tho werden, Burgern darsulvest vorkofft werden . . ."

Aus allen diesen Beispielen erhellt, daß der Begriff des Stapelrechts in dieser Periode zum mindesten das umfaßt, was er in der vorigen umfaßte. Es ist nur die Frage, ob er nicht etwas weiter zu fassen ist. Diese Frage ist zu bejahen. Denn überall gehört jetzt, organisch mit dem Stapelrecht verbunden, zu ihm die Zahlung einer Gebühr unter dem Namen „Niederlage" und der Straßenzwang. Das ergeben die Quellen.

Für die Abgabenpflicht kommen in erster Linie die Wahlkapitulationen in Betracht, die immer und immer wieder Front machen gegen die übermäßigen Niederlags- oder Stapelgebühren. Sodann die schon erwähnte Erklärung des „Ausschusses der Kauf- und Handelsleute in Magdeburg": „. . . steht alsdann den Ausländern frei, sie ihrer Gelegenheit nach zu Wagen wegzuführen und E. E. Rat das Niederlagegeld . . . entrichten zu lassen."

Endlich seien als Beispiele der Verbindung der Niederlagsabgabe mit dem Stapelrecht Frankfurt a. O. und Mainz erwähnt[59].

Die Zugehörigkeit des Straßenzwanges zum Begriff des Stapelrechts in dieser Zeit zeigen folgende Beispiele.

Das Leipziger Stapelrecht war mit einem umfassenden Straßenzwang ausgestattet[60].

In Mageburg wurde er durch das kurfürstliche Patent vom 16. Oktober 1686 eingeführt. In ihm wurde verboten, daß Frachtwagen „von den ordentlichen auf Magdeburg zu-

---

[59] Ockhart, a. a. O. S. 236 (Mainz); Mylius, V. Hauptteil, II. Abt., 1. Kap., S. 62—63.
[60] Mäuß, a. a. O. S. 157; Heller, Handelswege Inner-Deutschlands, S. 12, Anm. 19: Straßen- und Zollordnung Kurfürst Friedrichs des Sanftmütigen „Alles Gut und Kaufmannschaft, das von Polen, Schlesien, nehmlich Breslau, gen Thüringen, Franken, Meißen oder Sachsen geht, soll geführt werden auf: Lauban, Görlitz, Budissin, Kamenz, Königsbrück, Hayn, Oschatz, Grimma oder Eilenburg, Leipzig und wiederum."

gehenden Landstraßen sich abwenden und andere Nebenwege suchen"[61].

In Frankfurt a. O. ergingen mehrere Erlasse, die zeigen, daß man den Straßenzwang als zum Stapelrecht gehörig auffaßte[62]. So heißt es z. B. in dem Erlaß vom 28. November 1643[63]: „Daß alle und jede Heerstraße und Wege ... wann sie mit Kaufmannsgütern gebrauchet und befahren werden, unumgänglich auf unsere Stadt Frankfurt an der Oder hin und zurücke, zur und von daraus ersthinwieder, wann sie die Niederlage-Gerechtigkeit gehalten ... gehen sollen, daß sich auch kein Fuhrmann ... hüten solle, damit er Frankfurt nicht vorbeifahre und Beiwege ... suche." Ähnlich lautet ein Erlaß vom 19. August 1657[64].

Auch in Königsberg gehört der Straßenzwang jetzt zum Stapelrecht. So heißt es 1619[65]: „ne Memelienses merces suas per mare alio transportent, sed solum ... per mare Curonicum Labiaviam versus vehere ..."

Schließlich sei noch die Magdeburg-Hamburger Schiffahrtsordnung von 1538 angeführt[66]: „Und wat von Magdeborch up de Elve geschepet wert, schal alleine na Hamborch geföhret und underweegen nergent upgeschepet, neddergeleget edder vorby geföhret werden."

Nach allen diesen Quellen gehört entschieden der Straßenzwang jetzt zum Begriff des Stapelrechts.

Nicht dasselbe gilt aber für andere, bisweilen in der zweiten Periode mit dem Stapelrecht verbunden gewesene Rechte, für das Verbot der Weiterfahrt, das des Gästehandels und das Umschlagsrecht.

Die Verbote des Gästehandels und der Weiterfahrt haben sich scheinbar ganz verloren. In den Quellen werden

---

[61] Mäuß, a. a. O., S. 157—58.
[62] Naudé, a. a. O. S. 34.
[63] Mylius, C. C. M., V. Teil, 2. Abt., Nr. 8, S. 15.
[64] Mylius, C. C. M., V. Teil, 2. Abt., Nr. 11, S. 17—20.
[65] Hippel, a. a. O., Beil. VI, S. 90.
[66] Riedel, II. Hauptteil, Bd. 6, Nr. 2560.

sie wenigstens in Verbindung mit dem Stapelrecht nicht mehr erwähnt.

Das Umschlagsrecht kommt jetzt sehr häufig vor, so z. B. in Magdeburg, Mainz und Köln[67]. Jedoch gehört es trotzdem nicht zum Begriff des Stapelrechts. Denn Königsberg und eine Reihe anderer Städte kennen es nicht. Von besonderer Wichtigkeit ist es für die Geschichte des Stapelrechts darum, weil abgesehen von dem Leipziger, dem Frankfurter und dem Stettiner Stapelrecht wohl alle wichtigen Stapelrechte des 18. Jahrhunderts gar keine Stapelrechte, sondern Umschlagsrechte waren. Daß sie trotzdem den Namen „Stapelrecht" tragen, hat seinen Grund darin, daß sie mit dem Stapelrecht als Accidentale verbunden gewesen waren. Als man nun den Feilbietungszwang infolge des heftigen Widerstandes der von ihm Betroffenen aufgab, ging der Name „Stapelrecht" auf das übrig bleibende Umschlagsrecht über. Die gesamte ältere Literatur und teilweise auch die neuere[68] hält das Umschlagsrecht daher für eine Art des Stapelrechts. Das ist aber ein Irrtum, wie eine kurze Übersicht über die Geschichte des Umschlagsrechts zeigen wird[69].

Dieses Recht ist ursprünglich ein selbständiges, allerdings oft mit dem Stapelrecht verbundenes Recht. Die ältesten Stapelrechtsquellen, in denen es erwähnt wird, sind die von Dordtrecht von 1355 und von Pirna von 1392. In Dordtrecht heißt es[70]: „... dat alle goed ... rechten stapel aldaer houden ... ende dat selmen aldaer vercopen ende vermeten op eenen andren bodem ..." Also Stapelzwang und Umschlagsrecht. In Pirna heißt es[71]: „... daz se dor mete, alze se an den dritten tag gelegin habin und obirschift habin ..." Also auch Umschlagsrecht neben dem

---

[67] Mäuß, a. a. O. S. 150; Ockhart, a. a. O. S. 236 ff.

[68] Inama-Sternegg, a. a. O. Bd. III, S. 258; Eckert, Mainzer Schiffergewerbe, S. 43.

[69] Kriele. a. a. O. S. 7, 72, 99; Mäuß, a. a. O. S. 150, 166, 168.

[70] H. U.B., Bd. III, Nr. 323.

[71] Cod. dipl. Sax. reg., II. Hauptteil, Bd. 5, Nr. 95.

Stapelrecht. Am Ende der zweiten Periode der Entwickelung des Stapelrechts bzw. am Anfang seiner dritten, haben wir dann mehrere Erwähnungen des Umschlagsrechts. So heißt es z. B. 1495 in Mainz [72]: „Staffel mit Umschlag", und 1505 in Köln [73]: „... daz bey ... Cölln auff dem Rhein einen Stapell und Aufschlag gehabt ... Stappel gehalten und die Güther und Wahren auffgeschlagen und alsdann von einem Boden auf den andern verschiffen lassen." In allen diesen Quellen erscheint also das Umschlagsrecht deutlich als besonderes Recht neben dem Stapelrecht [74]. Anders in den schon oben angeführten Quellen des 17. Jahrhunderts. In ihnen erscheint unter dem Namen des Stapelrechts ein reines Umschlagsrecht. So heißt es in Mainz 1650, „daß hinfüro ... dieselben Waren ... nach Ausweisung erhaltenen Regals auf einen andern Boden überschlagen und wirklich ausgeladen ... werden sollen." Hier ist von den beiden nebeneinander bestehenden Rechten, Stapelrecht und Umschlagsrecht, ersteres ganz verschwunden: während man aber noch 1495 von Stapel und Umschlag redete, also beide Rechte deutlich unterschied, nennt man jetzt das Umschlagsrecht Stapelrecht. Ebenso ist es in dem Vergleich von 1681. Auch die Wahlkapitulationen enthalten nie Klagen über den Feilbietungszwang, sondern immer nur über das Umladen. Das eigentliche Stapelrecht ist demnach ganz in den Hintergrund getreten und unter „Stapelrecht" versteht man meistens irrtümlicherweise das ehemals mit ihm verbunden gewesene Umschlagsrecht. Bei den Aufhebungsverhandlungen im Anfang des 19. Jahrhunderts ist man sich auch vollkommen bewußt, daß die sogen. Stapelrechte gar keine sind. Heißt es doch z. B. vom Magde-

---

[72] Ockhart, a. a. O. S. 236; Staffelrecht der Stadt Mainz, S. 49; Quetsch, a. a. O. S. 82—83.

[73] Lünig, P. sp. C. IV, Bd. I, S. 371.

[74] Noch 1603 heißt es in Magdeburg, das später auch reines Umschlagsrecht hat: „... auslegen und aufstapeln ... steht es alsdann frei, sie ... zu Wagen wegzuführen ..."

burger Stapelrecht[75], es sei „nichts weiter als ein bloßes Umladungsrecht", ebenso wie die zu Mainz und Köln.

Aus allem geht somit die Richtigkeit der von Kriele[76] verfochtenen Ansicht hervor, daß das Stapelrecht des 18. Jahrhunderts eigentlich irrtümlich Stapelrecht genannt werde, daß es vielmehr ein Umschlagsrecht sei.

Die im 17. Jahrhundert entstehende Stapelrechtsliteratur, über die schon in der Einleitung ausführlich gehandelt worden ist, konnte daher ein richtiges Bild des Stapelrechts nicht geben, zumal sie außerdem noch, wie Schmoller treffend angeführt hat, als Streitliteratur sich durch bestimmte Zwecke in der Feststellung des Stapelrechtsbegriffs bestimmen ließ.

---

[75] Mäuß, a. a. O. S. 168.
[76] Kriele, a. a. O. S. 7, 72, 99, 101; wohl auch neuerdings Eckert, Rheinschiffahrt, S. 4.

Siebenter Abschnitt.
Das Stapelrecht im 18. und 19. Jahrhundert. Sein Ende.

Der Inhalt des Stapelrechts ist in der letzten Periode seines Bestehens, im 18. und im Anfang des 19. Jahrhunderts dem Prinzip nach noch derselbe wie früher[1]. Auch jetzt noch wird in manchen Orten die Feilbietung den bestehenden Bestimmungen nach gefordert[2]. Ob allerdings der Feilbietungszwang praktisch ausgeübt wurde, ist sehr zu bezweifeln. Heißt es doch charakteristischerweise 1824 in Münden[3]: „... die Befugnis, fremde Waren daselbst anzuhalten, und deren Führer zum Feilbieten derselben in der Stadt nach Marktpreisen während dreier Tage zu nötigen, von welcher Befugnis jedoch in neueren Zeiten nur selten und bei eingetretenem Getreidemangel Gebrauch gemacht ist ..." Wird doch ferner auch der Stadt Würzburg 1737 auf eine Anfrage in Passau, Regensburg und Frankfurt am Main hin erwidert, daß der Feilbietungszwang nicht mehr

---

[1] Kriele, a. a. O. S. 47, 71, 186; Falke, Geschichte des deutschen Handels, Bd. II, S. 309—10; Ockhart, a. a. O. S. 54, 238; Hippel, a. a. O. S. 34; Noack, a. a. O. S. 96; Zöpfl, Kommerzienwesen, S. 34—35; Jargow, Einleitung zur Lehre von den Regalien, S. 290.

[2] So in Hamburg, Kriele, a. a. O. S. 102; in Bremen und Minden noch 1769, Falke, a. a. O., Bd. II, S. 309—310, Noack, a. a. O. S. 96; in Königsberg, wo es in den „Wett- und Liegerordnungen" von 1715 und 1734 heißt: „... sondern sie sollen gemäß dem ... Jure stapulae alle ihre Waren ... zu verkaufen schuldig sein ...", Hippel, a. a. O. S. 34 ff.

[3] Kriele, a. a. O. S. 186, Verordnung vom 16. Februar 1824.

„in usu" sei⁴. Praktisch sind die meisten Stapelrechte jetzt Umladerechte geworden⁵, wie schon am Ende der vorigen Periode. Bei den Verhandlungen über die Abschaffung des Stapelrechts ist man sich übrigens dessen auch genau bewußt. Indem man richtigerweise den Umladezwang als nicht zum Begriff des Stapelrechts gehörig auffaßt, spricht man aus, daß die sogen. Stapelrechte in Wahrheit Umschlagsrechte seien, und unterscheidet scharf zwischen Stapel- und Umschlagsrecht⁶.

Bleibt so der begriffliche Inhalt des eigentlichen Stapelrechts in dieser Periode gegenüber der vorigen im wesentlichen unverändert, so doch nicht sein Bestand, der mehr als je gefährdet wird.

Die Wirtschaftspolitik des Territorialstaates ist auch jetzt auf das Stapelrecht von größtem Einfluß. Die Landesherrn erhalten nur noch die ihnen nützlichen Stapelrechte, die andern vernichten sie. So werden z. B. in Brandenburg die kleinen Stapelrechte durch den „Receß betreffend das Commercium zwischen Berlin, Stettin und Frankfurt a. O." vom 8. Januar 1723⁷ ausdrücklich noch einmal aufgehoben. Sodann sehen sich die Landesherrn vielfach veranlaßt, die Stapelrechtsstreitigkeiten zwischen den Städten ihres Territoriums zu schlichten⁸, oder aber die Inländer vom Stapel-

---

⁴ Zöpfl, a. a. O. S. 34—35.

⁵ Kriele, a. a. O. S. 7, 71, 102; Quetsch, a. a. O. S. 282, Anm. 1 (Kaufhausordnung aus Mainz vom Jahre 1759: „... daß kein Schiff ohne Umschlag und Niederlag in der stappelstatt passieret); Mäuß, a. a. O. S. 168 (Bericht der Magdeburger Kaufmannschaft von 1809: „Das Stapelrecht ... nichts weiter ... als ein bloßes Umschlagsrecht ..."); Schmoller, Studien, S. 705—6; Eckert, Rheinschiffahrt, S. 4.

⁶ So in der Konvention zwischen Preußen und Westfalen 1811, Kriele, a. a. O. S. 80; Mäuß, a. a. O. S. 168; im Artikel 114 des Wiener Kongresses (droit d'étape, d'échelle et de relâche forcée), Emminghaus, a. a. O. S. 648; in der Rheinschiffahrts-Oktroikonvention, Ockhart, a. a. O. S. 54, 238, 240, usw.

⁷ Mylius, C. C. M., V. Teil, II. Abt., 1. Kap., S. 62 ff.

⁸ Naudé, a. a. O. S. 29; Schmoller, Studien, S. 407 ff.; Koser, Geschichte Friedrichs des Großen, Bd. I, S. 442.

zwang zu befreien und nur die Ausländer diesem noch zu unterwerfen [9]. Das interessanteste Beispiel eines Versuches, Stapelrechtsstreite zu schlichten, ist der erwähnte Rezeß. Er war veranlaßt dadurch, daß Stettin 1720 an Preußen kam und man nun versuchte, die Interessengegensätze zwischen Stettin und Frankfurt a. O. und Berlin auszugleichen. In ihm wird den Städten ihr „habendes Recht" vorbehalten; es wird aber auf vier Jahre Handelsfreiheit geboten mit Ausnahmen für gewisse Waren. Dieser Rezeß wurde dann verschiedentlich erneuert. Beispiele für die Befreiung der Inländer vom Stapelzwang haben wir in Leipzig, Magdeburg und Königsberg. In Leipzig findet seit 1756 das Stapelrecht keine Anwendung mehr auf die Materialien inländischer Fabrikanten. In Magdeburg werden durch das Reskript von 1777 und die Kabinetsorder von 1786 die Inländer vom Stapelzwang befreit. In Königsberg galt das Stapelrecht seit der „Wett- und Liegerordnung" von 1715 nur noch für die Fremden. Wurden so durch die Landesherrn die Stapelrechte der eigenen Städte mehr und mehr eingeschränkt, so suchten sie noch mehr die fremder Städte einzuschränken. Sie unterstützten nämlich ihre Untertanen in dem Bestreben, sich diesen fremden Stapelrechten zu entziehen. So erläßt z. B. Preußen 1712 eine „Verordnung wieder die von der Stadt Hamburg durch geforderte Recesse gesuchte Einschrenkung der Schiffahrt auf der Elbe" [10]. Überhaupt erscheinen im 18. Jahrhundert die Landesherrn vollständig als Schützer ihrer Stapelstädte. So führt z. B. Preußen mit Bremen lange Verhandlungen über das Stapelrecht Mindens [11] und der Stapelkampf zwischen Magdeburg und Leipzig wird zu einem ständigen Streitpunkt der Regierungen von Preußen und Sachsen [12], der sogar beim Hubertusburger Frieden zu Verhandlungen Anlaß gab.

---

[9] Biedermann, a. a. O. S. 18; Hippel, a. a. O. S. 34; Mäuß, a. a. O. S. 162—64.
[10] Mylius, C. C. M., V. Teil, II. Abt., Nr. 21, S. 39 ff.
[11] Falke, a. a. O. Bd. II, S. 309—10; Noack, a. a. O.
[12] Schmoller, Studien, S. 708 ff.; Koser. a. a. O., Bd. I, S. 443.

Förderte nun auch diese Territorialwirtschaftspolitik teilweise die Stapelstädte, so war sie doch im ganzen ihnen ungünstig, weil sie unbedenklich die Stapelrechte dem Wohle des Ganzen opferte.

Auch das Reich wirkte nach wie vor ungünstig auf das Stapelrecht ein. Noch in der Wahlkapitulation von 1792 findet sich z. B. in den §§ 17—23 des 8. Artikels eine Stelle, die der in den älteren Wahlkapitulationen enthaltenen entspricht [13].

Als neuer ungünstiger Einfluß auf das Stapelrecht kommt in dieser Periode der Kampf der Freihändler und Naturrechtler hinzu. Sie bekämpfen es als ungerecht und den Verkehr störend [14]. So nennt es Bergius z. B. nach dem Vorgange von Justi „an sich selbst höchst unbillig und ungereimt", „eine förmliche Straßenräuberey". Es sei „der natürlichen Freyheit der Commercien nachteilig, eine widersinnische und dumme Erfindung; es gereiche unseren vernünftigen Zeiten zur Schande, ein solches Recht fortzusetzen".

Unter allen diesen Umständen war der Untergang des Stapelrechts, das in der Tat in die moderne Volkswirtschaft nicht mehr hineinpaßte, nicht zu vermeiden. Verschiedene Stapelrechte erloschen im 18. Jahrhundert, so in Hamburg [15], Speyer [16] und Dordtrecht [17]. Das Stapelrecht als Rechtsinstitut ging im Anfang des 19. Jahrhunderts zu Grunde.

Schon auf dem Kongreß zu Rastatt (1798) wurde sowohl von französischer wie von deutscher Seite angeregt, das Stapelrecht, sowie das unter seinem Namen erscheinende Umschlagsrecht am Rhein abzuschaffen [18]. Diese Anregungen

---

[13] Emminghaus, a. a. O. S. 596 ff.
[14] Below, Conrads Jahrb. 07, S. 461; Stieda, a. a. O. S. 1004; Büsch, Darstellung der Handlung, I. Teil, S. 261, II. Teil, S. 26; Bergius, Policeymagazin, Bd. VIII. S. 198 f.
[15] Ehrenberg, Anfänge des Hamburger Freihafens, S. 28, 101; Gallois, Geschichte der Stadt Hamburg, Bd. II, S. 501 ff.
[16] Falke, Zollwesen, S. 323—28.
[17] Rijswijk, a. a. O. S. 25, 112.
[18] Eckert, Rheinschiffahrt, S. 7; Stieda, a. a. O. S. 1005; Rivier, Völkerrecht, S. 147; Ockhart, a. a. O. S. 53, 275 ff.

hatten zwar keinen unmittelbaren Erfolg für die Abschaffung, sie hatten aber zur Folge, daß die Reichsdeputation sich mit dieser Frage beschäftigte. Veranlaßt durch sie sind schließlich Bestimmungen in der Rheinschiffahrtsoktroikonvention vom 15. August 1804, die sich allerdings nur auf den Rhein beziehen, insofern also nur eine örtlich beschränkte Bedeutung haben [19]. Sie gaben aber wieder Anregungen für die Zukunft und wurden zum Vorbild späterer Bestimmungen. Die Bestimmungen der Konvention lauten: Art. 8 „So ist man übereingekommen, daß das sogenannte Stapelrecht, nämlich das gezwungene Anbieten zum Verkauf von jeder Gattung von Waaren oder Lebensmitteln während ihrer Station in den Häfen von Mainz und Köln definitiv aufgehoben ist". Art. 3, „... daß die alten Einrichtungen des Umschlags, das Einlaufen und Umladen der Fahrzeuge betreffend, welche in den Städten Mainz und Köln statthaben, unter denen im gegenwärtigen Vertrage ausgedrückten Einschränkungen beibehalten werden sollen". Diese Einschränkungen sind, „daß alle in den Häfen jener beiden Städte bis jetzt erhobenen Abgaben, sey es wegen des gedachten Stapelrechts, oder auch wegen des gezwungenen Ausladungs- und Umladungsrechts, unter dem Namen Stapel, Transit, Akzisgebühren oder unter welchen andern Namen und Vorwand es sey, an dem Tage aufhören sollen, wo die Erhebung der Oktroigebühren anfangen würde." Zweierlei enthält also die Konvention: 1. Die endgültige Abschaffung des eigentlichen Stapelrechts und aller Abgaben. 2. Die Aufrechterhaltung des Umschlagsrechtes.

Die Erörterungen über die Abschaffung der Stapelrechtsrudimente scheinen durch die politischen Ereignisse der nächsten Jahre in den Hintergrund gedrängt zu sein. Wenigstens in den völkerrechtlichen Verhandlungen jener Zeit verschwinden sie bis 1814. Man bemüht sich im Gegenteil in dieser Zeit sogar bisweilen, das Umschlagsrecht aufrechtzuerhalten, so in Mainz und Köln, besonders aber in Magde-

---

[19] Ockhart, a. a. O. S. 54. 238—40; Rivier, S. 147.

burg[20]. So heißt es z. B. in der Konvention zwischen Preußen und Westfalen vom 14. Mai 1811 „wegen der Grenz- und dahin gehörigen Angelegenheiten"[21]: „Es ist ausdrücklich verabredet, daß dem bisherigen Umladungsrecht, welches in der Stadt Magdeburg besteht, kein Abbruch geschehen soll, sondern es soll unter der Souveränität des Königs von Westphalen fortgesetzt und erhalten werden."

Erst 1814 im Ersten Pariser Frieden finden sich dann die Abschaffungsbestrebungen wieder[22]. Im Friedensinstrument (Art. V) heißt es[23]: „La navigation sur le Rhin, du point où il devient navigable jusqu'à la mer et réciproquement, sera libre de telle sorte, qu' elle ne puisse interdite à personne, (also vollständige Freiheit der Rheinschiffahrt; damit entfällt naturgemäß auch das Umschlagsrecht) et l'on s'occupera au futur congrès des principes d'après lesquels on pourra règler les droits à lever par les États riverains de la manière la plus égale et la plus favorable au commerce de toutes les nations. Il sera examiné et décidé de même dans le futur congrès, de quelle manière pour faciliter les communications entre les peuples et les rendre toujours moins étrangers les uns aux autres, la disposition ci-dessus pourra être également étendue à tous les autres fleuves qui dans leur cours navigable séparent ou traversent differents États." Die Bestimmungen über den Rhein sollten also auf andere gemeinschaftliche Flüsse ausgedehnt werden.

Demgemäß wurden in der Wiener Kongreßakte vom 19. Juni 1815 in den Artikeln 108—117 Normen für die Bestimmungen, die hinsichtlich der sogenannten gemeinschaftlichen Flüsse gelten sollten, aufgestellt[24]. Art. 108 lautet: „Les puissances dont les États sont séparés ou traversés

---

[20] Kriele, a. a. O. S. 80—81; Mäuß, a. a. O. S. 167 ff.
[21] Gesetzsamml. f. d. preuß. Staaten, 1811, S. 234.
[22] Stieda, a. a. O. S. 1005; Roscher-Stieda, a. a. O. S. 153; Kriele, a. a. O. S. 10—11; Ockhart, a. a. O. S. 300; Rivier, a. a. O. S. 146.
[23] Gesetzs. f. d. preuß. St., 1814, S. 121 ff.
[24] Emminghaus, a. a. O. S. 644 ff, 634 ff.

par une même rivière navigable, s'engagent à régler d'un commun accord tout ce qui a rapport à la navigation de cette rivière." Also die Regelung der Verhältnisse ist den Uferstaaten überlassen. Art. 114 bestimmt „On n'établira nulle part des droits d'étape, d'échelle, ou de relâche forcée (also keine Neuerrichtung von Stapel- und Umschlagsrechten). Quant à ceux qui existent déjà, ils ne seront conservés qu' en tant que les états riverains, sans avoir égard à l'intérêt local de l'endroit ou du pays où ils sont établis le trouveroient nécessaires ou utiles à la navigation et au commerce en général." Die bestehenden Rechte sollen also nur dann fortbestehen, wenn man sich in allseitiger Übereinstimmung über ihre Nützlichkeit dazu entschließt. Art. 117 bestimmt endlich: „Les règlements particuliers relatifs à la navigation du Rhin, du Neckar, du Mein, de la Moselle, de la Meuse et de l'Escaut, telsqu' ils se trouvent joints au présent acte auront la même force et valeur que s'ils y avoient été textuellement inserés." Die hier erwähnten Sonderbestimmungen sind die „Articles concernant la navigation sur le Rhin" und die „Articles concernant la navigation du Neckar, du Mein, de la Moselle, de la Meuse et de l'Escaut"[25]. Jene bestimmen: „Les droits d'étape ayant été supprimés par l'article 8 de la convention du 15 Août 1804, la même suppression est étendue actuellement aux droits que les villes de Mayence et de Cologne exercoient sous le nom de droits de relâche, d'échelle ou de rompre charge, de façon qu'il sera libre de naviguer sur tout le cours du Rhin, du point où il devient navigable jusqu' à son embouchure dans la mer, soit en remontant, soit en descendant, sans qu'on soit obligé de rompre charge, et de verser les chargements dans autres embarcations dans quelque port, ville ou endroit que cela puisse être." (Also strenges Verbot auch des Umschlagsrechts). Diese bestimmen: „Les droits d'étape ou de relâche forcée sur le Neckar et sur le Mein seront et demeureront abolis, et il sera libre à tout batelier qualifié, de naviguer

---

[25] Emminghaus, a. a. O. S. 635 ff. u. 638 ff.

... de la même manière, que cette liberté a été établi par l'article 19 sur le Rhin."

Entgegen diesen Bestimmungen der Wiener Kongreßakte haben Köln und Mainz noch viele Jahre an ihren Umschlagsrechten festgehalten, bis ihren Rechten, sowie denen der Städte an der Elbe und an der Weser durch die Schiffahrts- und die Zollvereinsverträge ein Ende gemacht wurde [26].

Der Deutsche Bund hatte sich zwar die im Wiener Kongreß ausgesprochenen Gedanken zu eigen gemacht. Lautet doch der 19. Artikel der Bundesakte vom 8. Juni 1815 [27]: „Die Bundesglieder behalten sich vor, bey der ersten Zusammenkunft der Bundesversammlung wegen des Handels und Verkehrs sowie wegen der Schiffahrt nach Anleitung der auf dem Kongreß zu Wien angenommenen Grundsätze in Beratung zu treten." Bis 1820 war man aber noch nicht weit damit gediehen. Dies zeigt der 64. Artikel der Wiener Schlußakte vom 15. Mai 1820 [28]: „Die in den besonderen Bestimmungen der Bundesakte Artikel ... 19 zur Beratung der Bundesversammlung gestellten Gegenstände bleiben derselben ... zur ferneren Bearbeitung vorbehalten."

Die Verwirklichung der leitenden Gedanken der Wiener Kongreßakte brachten erst die Zollgesetzgebung Preußens, die Schiffahrtsakten und der deutsche Zollverein.

Die preußische Zollgesetzgebung griff insofern ein, als § 16 des Gesetzes „über den Zoll und die Verbrauchssteuern" vom 26. Mai 1818 anordnete [29]: „Der Verkehr im Innern soll frei seyn und keine Beschränkung desselben zwischen den verschiedenen Provinzen oder Landesteilen des Staats künftig stattfinden." Damit waren natürlich auch die Umschlagsrechte, zum mindesten für Inländer, aufgehoben, wo-

---

[26] Eckert, Rheinschiffahrt, S. 113 ff., 231; Kriele, a. a. O. S. 7, 71; Hasse, a. a. O. S. 167; Falke, Zollwesen, S. 343; Mäuß, a. a. O. S. 172.
[27] Zeumer, a. a. O. S. 474.
[28] Zeumer, a. a. O. S. 480.
[29] Gesetzs. f. d. preuß. St., 1818, S. 65 ff.; Mäuß, a. a. O. S. 171 ff. Stieda, a. a. O. S. 1005.

gegen Magdeburg freilich 1819 protestierte. Nach seiner Ansicht war das Umschlagsrecht durch das Gesetz vom 26. Mai 1818 nicht aufgehoben. Man scheint diese Ansicht auch auf der Seite der Regierung geteilt zu haben und der Meinung gewesen zu sein, daß die Aufhebung erst durch die Elbschiffahrtsakte erfolgte.

Die Schiffahrtsakten beruhen auf Verhandlungen, die ihren Ausgangspunkt in den oben erwähnten Bestimmungen der Wiener Kongreßakte hatten, und die durch von den Uferstaaten gebildete Kommissionen geführt wurden.

Die erste Schiffahrtsakte, die zu Stande kam, war die von der sog. Dresdener Kommission entworfene Elbschiffahrtsakte vom 23. Juni 1821[30]. Sie hob durch ihre Bestimmungen im Artikel 1 „Die Schiffahrt auf dem Elbstrome soll von da an, wo dieser Fluß schiffbar wird, bis in die offene See, und umgekehrt... in Bezug auf den Handel völlig frei seyn", und im Artikel 3 „Alle bisher an der Elbe bestandenen Stapel- und Zwangs-Umschlagsrechte sind hierdurch ohne Ausnahmen aufgehoben", die teilweise noch wirklich geltend gemachten, teilweise nur noch prätendierten Umschlags-(Stapel-)rechte in Magdeburg, Dresden und Pirna auf. Magdeburg erhielt auf seine Vorstellungen hin eine Entschädigungsrente von 62000 Talern.

Die zweite Schiffahrtsakte war die Weserschiffahrtsakte vom 10. September 1823. Sie vernichtete die Stapel- alias Umschlagsrechte von Bremen, Minden und Münden. Sie bestimmt im § 3[31]: „Alle bisher an der Weser bestandenen Stapel- und Zwangs-Umschlags-Rechte, namentlich die zu Bremen, Minden und Münden, sind hierdurch ohne Ausnahme für immer aufgehoben, und es kann aus diesem Grunde künftig kein Schiffer gezwungen werden, den Bestimmungen des gegenwärtigen Vertrags zuwider, gegen seinen Willen aus- oder umzuladen."

Die letzte der Schiffahrtsakten, die Rheinschiffahrtsakte vom 31. März 1831 brachte endlich in ihrem Artikel 43 die

---

[30] Gesetzs. f. d. preuß. St., 1822, S. 10 ff.
[31] Gesetzs. f. d. preuß. St., 1824, S. 25 ff.

formelle Aufhebung der mit zäher Hartnäckigkeit verteidigten Umschlagsrechte in Mainz und Köln. Er lautet[32]: „Der Schiffspatron oder Führer, welchem die Befahrung des Rheins verstattet ist, und welcher denselben befährt, darf nirgendwo gezwungen werden, wider seinen Willen zu löschen oder seine Ladung an Bord eines andern Schiffes zu bringen. Daher sind alle Rechte, Privilegien und Gebräuche, die mit dieser Bestimmung direkt oder indirekt in Widerspruch stehen, und in Rheinhäfen oder sonstwo auf dem Rheine bis ins Meer, entweder zum Vortheile einer Schiffergilde und um die unter ihnen hergebrachte Rangfahrt zu begünstigen, oder aus einem andern Grunde hergebracht waren, ein- für allemal abgeschafft und dürfen, unter welchem Namen es immer sey, niewieder eingeführt werden." Die Rheinschiffahrtsakte wurde durch die Rheinschiffahrtskonvention vom 17. Oktober 1868 bestätigt. Sie bestimmt im Artikel 5[33]: „Die Schiffer dürfen . . . nirgend gezwungen werden, ihre Ladung ganz oder theilweise zu löschen oder an Bord eines andern Schiffes zu bringen. Alle Stapel- und Umschlagsrechte sind und bleiben aufgehoben."

Mit den Schiffahrtsakten waren die an den großen Strömen bestehenden Stapel- und Umschlagsrechte endgültig abgeschafft. Nicht getroffen wurden durch sie die Stapel- und Umschlagsrechte der Städte, die nicht an den drei Flüssen, Rhein, Weser und Elbe lagen. In der Tat machte denn auch Leipzig noch immer seine Rechte geltend.

Die Rechte derartiger Städte fielen dann endlich mit den Zollvereinsverträgen.

Es bestimmte nämlich Artikel 16 des Zollvereinigungsvertrages vom 22. März 1833[34]: „Von dem Tage an, wo die gemeinschaftliche Zollordnung des Vereins in Vollzug gesetzt wird, sollen in den zum Zollverein gehörigen Gebieten alle etwa noch bestehenden Stapel- und Umschlags-

---

[32] Gesetzs. f. d. preuß. St., 1831, S. 73 ff., 103.
[33] Gesetzs. f. d. preuß. St., 1869, S. 800—1.
[34] Gesetzs. f. d. preuß. St, 1833, S. 154.

rechte aufhören und Niemand mehr zur Anhaltung, Verladung und Lagerung gezwungen werden können." Als Sachsen am 30. März 1833 dem Zollvereinigungsvertrag mit Wirkung vom 1. Januar 1834 beitrat[35], erhielt Leipzig für den Verlust seines Stapelrechts eine Jahresrente von 46251 Talern. Leipzig war die letzte Stadt, die das innerlich überlebte und verfallene Recht geltend machte. Das Inkrafttreten des Zollvereinsvertrages in Sachsen bedeutet daher das Ende des Stapelrechts.

Trotzdem findet sich noch in fast sämtlichen Verträgen des Zollvereins die oben erwähnte Klausel über das Stapelrecht, so in den Verträgen vom 11. Mai 1833, vom 12. Mai 1835, vom 4. April 1853, vom 20. Dezember 1853, vom 16. Mai 1865 und vom 8. Juli 1867. Eine entsprechende Klausel findet sich auch in den Handelsverträgen Preußens und Österreichs vom 19. Februar 1853 und vom 11. April 1865 [36].

[35] Gesetzs. f. d. preuß. St., 1833, S. 210 ff.
[36] Gesetzs. f. d. preuß. St., 1833, S. 250, 1835, S. 156, 1853, S. 361, 416, 1854, S. 150, 1865, S. 570, 659; Bundesgesetzblatt f. d. norddeutschen Bund, 1867, S. 104.

Printed by Libri Plureos GmbH
in Hamburg, Germany